国际评估准则

（2025年1月31日生效）

国际评估准则理事会 著
中国资产评估协会 译

IVSC
INTERNATIONAL VALUATION
STANDARDS COUNCIL

中国财经出版传媒集团
中国财政经济出版社
北京

图书在版编目（CIP）数据

国际评估准则. 2025年1月31日生效 / 国际评估准则理事会著；中国资产评估协会译. -- 北京：中国财政经济出版社，2024.11. -- ISBN 978-7-5223-3520-9

Ⅰ. F20-65

中国国家版本馆CIP数据核字第2024E2Q344号

责任编辑：胡 懿　　　责任校对：胡永立
封面设计：王 颖　　　责任印制：党 辉

国际评估准则（2025年1月31日生效）
GUOJI PINGGU ZHUNZE（2025 NIAN 1 YUE 31 RI SHENGXIAO）

中国财政经济出版社 出版

URL：http://www.cfeph.cn
E-mail：cfeph@cfeph.cn

（版权所有　翻印必究）

社址：北京市海淀区阜成路甲28号　邮政编码：100142
营销中心电话：010-88191522
天猫网店：中国财政经济出版社旗舰店
网址：https://zgczjjcbs.tmall.com
北京密兴印刷有限公司印刷　各地新华书店经销
成品尺寸：170mm×240mm　16开　14.5印张　178 000字
2024年11月第1版　2024年11月北京第1次印刷
定价：50.00元
ISBN 978-7-5223-3520-9
（图书出现印装问题，本社负责调换，电话：010-88190548）
本社质量投诉电话：010-88190744
打击盗版举报热线：010-88191661　QQ：2242791300

版权声明

The International Valuation Standards Council, the authors and the publishers do not accept responsibility for loss caused to any person who acts or refrains from acting in reliance on the material in this publication, whether such loss is caused by negligence or otherwise.

Copyright © 2024 International Valuation Standards Council (IVSC) All rights reserved, subject to permission having been granted to the **CHINA APPRAISAL SOCIETY** to translate into the Chinese language and publish the reproduce that document in translation. The translated document is the copyright of the IVSC.

The adoption or use of any International Valuation Standards Council Standards by any entity is entirely voluntary and at the user's risk. The International Valuation Standards Council does not control how or if any entity chooses to use the Standards and does not and cannot ensure or require compliance with the Standards. The International Valuation Standards Council does not audit, monitor, review or control in any way the manner in which users apply the Standards.

No responsibility is accepted by the IVSC for the accuracy of information contained in the text as republished or translated. The approved text of the International Valuation Standards is that published by the IVSC in the English language and copies may be obtained from the IVSC, 20 St Dunstan's Hill, LONDON, EC3R 8HL, United Kingdom. Internet: http://www.ivsc.org.

国际评估准则

国际评估准则理事会、作者和出版商不对任何根据本出版物中内容行事或不据此行事的人因疏忽或其他原因造成的损失承担责任。

版权所有©2024 国际评估准则理事会（IVSC），保留所有权利并已授权中国资产评估协会将本书翻译成中文并出版发行。该翻译作品版权归 IVSC 所有。

任何实体采纳或使用国际评估准则理事会（IVSC）准则的行为均属于自愿行为，并由使用者自行承担风险。国际评估准则理事会无法控制任何实体选择如何或是否使用这些准则，也无法确保或要求其遵循这些标准。国际评估准则理事会不以任何方式对准则的使用者进行审计、监控、复核或控制。

IVSC 不对重新发布或翻译的文本中所含信息的准确性承担任何责任。《国际评估准则》的正式文本为 IVSC 以英语出版的文本，副本可从 IVSC 获得，地址为：英国，EC3R 8HL，伦敦，圣邓斯坦山20号。网址：http://www.ivsc.org。

前　言

国际评估准则理事会（International Valuation Standards Council, IVSC）成立于 1981 年，是一个非营利国际评估组织，运营总部位于英国伦敦。IVSC 致力于建立和推广全球评估准则，是全球评估实践和评估专业的标准制定者，通过促进全球范围内对高质量、国际公认标准的一致遵循和实施，服务公共利益。IVSC 会员种类有评估专业组织会员、企业会员、机构会员、学术会员及非正式评估专业组织会员，目前拥有来自 137 个国家和地区的 200 多个会员组织。

作为 IVSC 的标志性出版物，《国际评估准则》自发布以来在推进全球范围内评估理论与实践的交流、促进评估准则国际采用和趋同、提升评估专业服务水平等方面发挥了积极作用。随着内容的不断丰富和完善，《国际评估准则》的影响持续扩大，已被部分国家直接使用或间接引用。目前，我国资产评估准则已在基本理念和专业术语上与《国际评估准则》实现趋同。

《国际评估准则（2025 年 1 月 31 日生效）》发布于 2024 年 1 月 31 日，2025 年 1 月 31 日起正式生效。该准则紧跟当前评估专业发展形势和市场需要，在修订过程中着重考虑了全球市场和全球评估专业发展的持续变化，利益相关方在评估业务过程和评估风险管理透明度方面需求的上升，评估业务中新型资产的处理，评估专业在环境、社会和公司治理（ESG）领域的应用等因素。与上一版相比，《国际评估准则（2025 年 1 月 31 日生效）》在准则结构方面作出了较大调整，并对相关内容进行了完善：一是将"IVS 评估框架"列为单独内容，涵盖了 IVS 的强制性要求，新增了评估业务质量控

国际评估准则

制内容；二是新增了"IVS 104 数据和输入"和"IVS 105 评估模型"两个内容；三是将原"IVS 103 报告"修改为"IVS 106 档案和报告"，增加了对报告和档案的要求，对评估报告复核的要求进行了修订；四是将部分具体要求在"基本准则"和"资产准则"之间进行了调整，确保"基本准则"适用所有资产类别；五是对"IVS 500 金融工具"进行了大量修订和完善。调整后的准则框架更为系统和清晰，"基本准则"包括7个部分，"资产准则"包括8个部分。

作为 IVSC 重要会员，中国资产评估协会目前派代表在 IVSC 担任管理委员会委员、咨询论坛工作组成员、会员资格与准则推广委员会委员、亚洲委员会委员，全面参与 IVSC 相关事务，积极参与《国际评估准则》的制定和修订，为其发展作出了重要贡献。《国际评估准则（2025年1月31日生效）》发布后，为方便国内评估执业界，评估理论界，相关监管方，评估报告使用者和社会公众了解、研究、参考和使用，经 IVSC 授权许可，中国资产评估协会组织开展了中文版翻译和出版工作，这是我国资产评估行业对国际评估专业发展作出的又一重要贡献。

本书翻译审校工作由中国资产评估协会常务副会长、秘书长张更华主持，参加人员为庄伟、朱军、王诚军、邵唯实、陈佩、王诗天、黄佳璕。

中国资产评估协会
2024年11月

纪念阿利斯泰尔·达林（Rt Hon Alistair Darling）

管委会主席
2019—2023

本版《国际评估准则》（IVS）旨在纪念2023年11月去世的国际评估准则理事会（IVSC）前主席阿利斯泰尔·达林（Rt Hon Alistair Darling）。作为一位推动全球标准发展的坚定倡导者，阿利斯泰尔在评估领域以及更广泛的金融体系中发挥了重大影响。

凭借在全球金融危机期间担任英国财政大臣的经验，阿利斯泰尔领导IVSC致力于追求透明、合作和专业卓越。他始终专注于完善符合公共利益的标准，增强全球评估实践的公正性和可信度。

我们缅怀阿利斯泰尔·达林所展现的非凡领导力和对公共服务的奉献精神。他的贡献为我们留下了宝贵的财富，这将继续引导IVSC和整个评估行业朝着更加透明、可靠和健全的金融世界迈进。

《国际评估准则》序言

国际评估准则理事会（IVSC）是一家独立的非营利组织，致力于促进评估执业质量的提升。IVSC 的基本目标是通过制定透明和一致的标准并保证其在全球范围内进行各类资产评估时被普遍采纳和应用，在评估行业中建立自信和公众信任。国际评估准则（IVS）是金融体系基础的重要组成要素，并具备高度专业水准。

无论是财务报告、合规性监管，还是支持担保贷款和交易活动，评估服务在金融市场和其他环境中被广泛使用和依赖。

IVS 的目的是促进和保持公众对评估工作的高度信任。因此，IVS 制定了适当的全球评估标准，既适用于参与过程的各方，也适用于监督过程的各方。

IVS 是基于原则的国际评估准则。这些准则概述了可以和其他标准、法律和规定结合使用的价值评估过程。

IVS 描述了可能涉及多方（包括评估专业人员和评估机构）的评估过程。评估师最终负责申明评估过程是否遵循 IVS。

IVS 的起草的基础是，使用该准则的评估师有能力并具备进行评估所需的知识、技能、经验、培训和教育经历。根据 IVS 的目的，评估师可以是独立的个人、个人组成的团体或实体内的个人，无论其是受雇（内部）还是受聘（签约/外部），均需具备以客观、公正、道德和胜任的方式进行评估的资格、能力和经验。在某些司法管辖区，个人或实体在担任评估师前需要获得许可（见 IVSC《评估师道德准则》）。

IVS 可以在以下情形被强制或自愿采用：

国际评估准则

- 根据评估目的,被具有法律管辖权的机构要求使用。
- 因特定目的,评估专业组织要求其成员采用。
- 在评估需求方和评估师的协议中约定采用。

《国际评估准则》(IVS)的结构

《国际评估准则》由基本准则和资产准则组成,基本准则适用于所有评估业务,资产准则是与特定资产类型相关的评估规范。附录是《国际评估准则》的一部分,为明确某些概念提供补充信息。提供遵循 IVS 的评估服务,必须遵循 IVS 的基本准则、资产准则和附录。

| IVS 100 评估框架 | IVS 101 工作范围 | IVS 102 价值类型 | IVS 103 评估途径 | IVS 104 数据和输入 | IVS 105 评估模型 | IVS 106 档案和报告 | IVS 资产准则 | IVS 遵循 |

基本准则

基本准则适用于所有评估业务,其架构如下:

IVS 100　评估框架

IVS 101　工作范围

IVS 102　价值类型

　　　　附录:IVS 定义的价值类型

　　　　　　其他价值类型

　　　　　　价值前提

IVS 103　评估途径

　　　　附录:评估方法

IVS 104　数据和输入

　　　　附录:环境、社会和公司治理考量

IVS 105　评估模型

IVS 106　档案和报告

资产准则

在基本准则基础上,资产准则适用于以下特定类型的资产和负债:

IVS 200　企业和企业权益
IVS 210　无形资产
IVS 220　非金融负债
IVS 230　存货
IVS 300　厂房、设备和基础设施
IVS 400　不动产权益
IVS 410　开发性不动产
IVS 500　金融工具

目　录

术语表　/1

基本准则　/9

　　IVS 100 评估框架　/10

　　IVS 101 工作范围　/14

　　IVS 102 价值类型　/18

　　IVS 103 评估途径　/33

　　IVS 104 数据和输入　/58

　　IVS 105 评估模型　/63

　　IVS 106 档案和报告　/66

资产准则　/71

　　IVS 200 企业和企业权益　/72

　　IVS 210 无形资产　/88

　　IVS 220 非金融负债　/108

　　IVS 230 存货　/120

　　IVS 300 厂房、设备和基础设施　/130

　　IVS 400 不动产权益　/145

　　IVS 410 开发性不动产　/157

　　IVS 500 金融工具　/174

索引　/192

术　语　表

本术语表是 **IVS** 的组成部分，对 **IVS** 中使用的部分术语进行了定义。所有被定义的术语，在文中均以黑体字显示。

10. 被定义的术语

10.01　资产或资产组

资产或资产组，即企业获取经济利益的权利。

10.02　自动评估模型（AVM）

自动评估模型（AVM），一种使用算法或其他计算技术对特定日期的特定**资产**进行自动估值的模型。该模型不包括**评估师**对评价、选择输入或审查输出等程序的**专业判断**。

10.03　价值类型

价值类型，是报告中的**价值**所依据或将依据的基本前提（示例包含在"IVS 102 **价值类型**"第 10 节中）

10.04　客户

客户，指委托**评估师**进行特定**评估**事项的人，可以是内部客户（即为雇主进行的**评估**），也可以是外部客户（即**评估师**接受第三方委托）。

10.05 成本（名词）

成本，指取得或建造一项**资产**所需的对价或支出。

10.06 数据

数据，指**评估师**可获得的定量或定性的信息。

10.07 折现率

折现率，指用于将未来应付或应收的货币金额转换为现值的回报率。

10.08 环境、社会和公司治理（ESG）

ESG，指共同构成用于评估可持续性和道德实践、公司财务业绩或运营、**资产**或**负债**影响的框架标准。**ESG** 包括三大支柱：**环境、社会和公司治理**。这些支柱可能共同影响业绩、更广泛的市场和社会。

10.09 公平价值

公平价值，指在已确定的、知情的和自愿的各方之间转让**资产**或**负债**的估计价格，反映了各方利益。

10.10 输入

输入，指根据**专业判断**，**评估师**确定并评价或选择用于**评估**的相关**数据**、假设和修正。

10.11 无形资产

无形资产是一种可识别的、无实物形态的非货币**资产**。

10.12 预期用途

预期用途是在工作范围中描述的进行**评估**的原因,也称预期目的。

10.13 预期使用者

预期使用者,指**客户**和**评估师**在工作范围中确定的**评估**服务使用者。

10.14 投资价值

投资价值是在单项投资或运营目标下,**资产**对于其所有者或潜在所有者的价值,也可称为"物有所值"。

10.15 司法管辖区

司法管辖区,指实施**评估**的法律和监管环境。

10.16 负债

负债,指导致经济利益流出的现时义务。**负债**具有以下两个基本特征:
(a) 一个现时义务;
(b) 该义务要求主体向他人转移或以其他方式提供经济利益。

10.17 清算价值

清算价值,指卖方被迫在某一特定日期出售一项**资产**或一组**资产**可实现的总金额。**清算价值**可根据两种不同的价值前提进行确定(见"IVS 102 **价值类型**"附录 A60):
(a) 典型营销期内的有序交易;
(b) 缩短营销期内的强制交易。

10.18 市场价值

市场价值，指自愿的买方和卖方在公平交易中，经过适当的营销，并且各方都在知情、理性和不受强迫的情况下，在**评估基准日**正常交易的**资产**或**负债**的估计金额。

10.19 必须

必须，指强制性的行动或程序。

10.20 可观测数据

可观测数据，指市场参与者可随时获得的用于确定**资产**和/或**负债价值**的实际事件或交易信息。

10.21 价格（名词）

价格，指为获取**资产**或转移**负债**而要求、提供或支付的货币或其他对价。**价格**与**价值**可能不同。

10.22 专业判断

专业判断，指利用积累的知识和经验以及批判性推理作出有依据的决定。

10.23 职业怀疑

职业怀疑是一种态度，包括质疑精神和对评估证据的批判性评价。

10.24 服务机构

服务机构，指提供信息、报告或意见的主体（或主体的一部分），包括但不限于提供支持**评估**的市场数据、信用评级或其他服务。

10.25 应该

应该，意为期望**评估师**遵守此类要求，除非**评估师**能证明替代行动已经足够。

10.26 重要/重大/显著

重要/重大/显著，指根据**评估师**的**专业判断**，对**评估**结果产生重大影响的任何方面。

10.27 专家

专家，指拥有执行或协助**评估**工作或审查和质疑评估过程所需的技能、经验和知识的个人或个人组成的团体。**专家**可以是内部聘用的，也可以是外部聘请的。

10.28 协同价值

协同价值是两个或两个以上**资产**或权益合并的结果，其合并**价值**高于单独**价值**之和。如果协同效应只适用于一个特定的买方，那么**协同价值**将不同于**市场价值**，因为**协同价值**将反映**资产**的特定属性，而这些属性仅对特定的买方有**价值**。高于各自权益总和的附加值通常被称为结合价值。

10.29 有形资产

有形资产，指可实物计量的**资产**，包括但不限于不动产、厂房和设备。

10.30 评估

评估，指遵循 IVS，对**评估基准日**的**价值**形成结论的行为或过程。

10.31 评估途径

评估途径是对应用成本途径、收益途径和市场途径的总称。

10.32 评估基准日

评估基准日，指评估的价值所对应的时间点。

10.33 评估方法

评估方法是**评估途径**中得到**价值**的某种具体方法。

10.34 评估模型

评估模型对全部或部分将**输入**转化为输出的方法实施量化，用于发现**价值**。

10.35 评估过程复核

评估过程复核，指评估师为评价在**评估基准日**是否遵循 IVS 或 IVS 中的适用部分进行的分析。这并不包括对**价值**的意见。

10.36 评估复核

评估复核可以是**评估过程复核**或**价值复核**，或两者兼有。

10.37 评估风险

评估风险，指价值不符合**预期用途**的可能性。

10.38 价值（名词）

价值，指在特定**评估基准日**，**评估师**完全遵循 IVS 要求实施**评估过程**所得出的定量结论。

10.39 评估师

评估师是具备以客观、公正、道德和胜任的方式进行**评估**的资格、能力和经验的个人、多人或组织内的个人，无论是受雇（内部）还是受聘（签约/外部）。在某些司法管辖区，担任**评估师**之前需要获得许可。

10.40 价值复核

价值复核，指**评估师**使用 IVS 对其他**评估师**工作形成的**价值**进行审核并提供意见的分析。这并不包括对**评估**过程的意见。

10.41 权重/加权

权重/加权，指得出评估结论时对指示性**价值**的依赖程度。

基本准则

IVS 100 评估框架

| IVS 100 评估框架 | IVS 101 工作范围 | IVS 102 价值类型 | IVS 103 评估途径 | IVS 104 数据和输入 | IVS 105 评估模型 | IVS 106 档案和报告 |

内容	节
评估师原则	10
评估过程质量控制	20
利用专家或服务机构	30
遵循	40
生效日期	50

基本准则适用于所有资产和负债,是所有评估的基础。资产准则对特定类型的资产和负债在基本准则的基础上提出了额外要求。

遵循 IVS 包括遵守基本准则、适用的资产准则和附录。

在进行评估时,**评估师**必须遵守评估师原则。

10. 评估师原则

10.01 道德

评估师必须遵循诚信、客观、公正、保密、胜任和专业的道德原则,提供无偏见的**评估**,并促进和维护公众的信任。

10.02 胜任能力

评估师必须具备适当完成**评估**业务所需的技能、知识和经验。

10.03 遵循

评估师必须披露或声明在**评估**业务中使用了 IVS,并在进行**评估**时遵循了这些准则。

10.04 职业怀疑

评估师必须在**评估**的各个阶段保持适度的**职业怀疑**。

20. 评估过程质量控制

20.01 **必须**在评估过程中实施质量控制（"控制措施"）。

20.02 控制措施有助于确保客观、透明、无偏见地进行**评估**，并符合 IVS 的要求。

20.03 **应该**根据**预期用途**、**预期使用者**、评估的**资产**和/或**负债**以及**评估**的复杂性确定控制范围。

20.04 控制措施**应该**评价**评估**过程中作出的判断，包括其合理性以及在确定**价值**时无偏差。

20.05 控制措施**应该**记录归档。档案**应该**包含足够的细节，以便其他**评估师**运用**专业判断**了解控制措施的有效性。

20.06 **应该**定期对控制措施进行评价，以确保其完整性和完备性在**评估基准日**是适当的。定期评价**应该**记录归档。

20.07 如果**评估师**能够应对**评估风险**，则其可以对自身的合规性和控制政策及程序执行监控程序。

20.08 **评估师应该**根据**预期用途**、**预期使用者**、所**评估资产**或**负债**的特点以及**评估**的复杂性，得出在控制措施到位的情况下**评估风险**水平是适当的结论。

30. 利用专家或服务机构

30.01 如果**评估师**不具备执行**评估**业务各方面所需的技能、经验、**数据**或知识，则**评估师**可向**专家**或**服务机构**寻求协助，但前提是就此达成协议并予以披露。

30.02 在利用**专家**或**服务机构**之前，**评估师必须**对**专家**或**服务机构**的知识、技能和能力进行评价并记录归档。相关因素包括但不限于：

(a) 从事该类工作的经验；

(b) **专家**或**服务机构**在相关领域的专业资质、执照或专业认证；

（c）**专家**或**服务机构**在特定领域的声誉和地位。

30.03 在利用**专家**或**服务机构**时，**评估师必须**了解其工作过程和结果，以便根据**评估师**的**专业判断**，建立依赖其工作的合理基础。

40. 遵循

40.01 为了遵循 IVS，**评估必须**满足基本准则、附录及资产准则（如适用）的要求。

40.02 IVS 包括**必须**遵守的强制性要求，声明**评估**是遵循 IVS 进行的。

40.03 IVS 的某些方面并不指示或强制要求采取任何具体行动，但提供了在进行**评估**时**应该**考虑的基本原则和概念。

40.04 如果 IVS 与**评估**目的和**司法管辖区**适用的法律、法规、监管和/或其他权威要求有冲突，为了继续遵守 IVS，**应该**优先考虑、解释、记录和报告这些要求。

40.05 如果有任何法律、法规、监管或其他权威性要求对已执行评估程序的性质，使用的**输入**和假设和/或**价值**产生**重大**影响，**评估师**还**必须**披露具体的法律、监管或其他权威性要求，以及这些要求与 IVS 间的**重大**差异（例如，相关**司法管辖区**要求仅使用市场途径，而 IVS 指出**应该**考虑收益途径的情况）。

40.06 任何其他偏差都会导致**评估**未遵循 IVS。

40.07 对于可能属于多项资产准则（从"IVS 200 企业和企业权益"到"IVS 500 金融工具"）的**资产**和/或**负债**，**评估师应该**遵循基本准则，同时解释、论证和记录所使用的资产准则。例如，"IVS 200 企业和企业权益"与"IVS 500 金融工具"均适用于某些**资产**和/或**负债**的评估。

40.08 在某些情况下，**评估师**可能会被要求针对遵循 IVS 的情况进行**评估复核**。在这种情况下，**评估师应该**遵循 IVS 及工作范围中定义的适用复核框架。

50. 生效日期

50.01 本版 IVS 发布于 2024 年 1 月 31 日，生效于 2025 年 1 月 31 日，适用于生效之日或之后进行的**评估**。IVS 允许自发布之日起提前采用。

50.02 在进行具有追溯性或历史性**评估基准日**的**评估**或**评估复核**时，**评估师**应该记录 IVS 版本：

（a）**评估师**所依据的版本；

（b）在**评估基准日**适用的版本。

IVS 101 工作范围

| IVS 100 评估框架 | IVS 101 工作范围 | IVS 102 价值类型 | IVS 103 评估途径 | IVS 104 数据和输入 | IVS 105 评估模型 | IVS 106 档案和报告 |

内容	节
引言	10
评估要求	20
评估过程复核和价值复核要求	30

本节要求客户和评估师就评估或评估复核的工作范围达成一致,以确保与预期用途匹配。本节就工作范围提出了最低的评估或评估复核要求。

10. 引言

10.01 工作范围(有时称为业务约定条款或约定书)描述的是关于**评估**或**评估复核**业务的基本条款,包括但不限于被评估的**资产**(组)和/或**负债**、**评估**的**预期用途**和涉及**评估**的各方责任。

10.02 **评估复核**的工作范围描述了包括被复核的**评估**或**价值**的组成部分等基本条款。

10.03 所有**评估**和**评估复核**都要求确定工作范围,无论这些**价值**是内部还是外部用途。

10.04 **客户和评估师必须**就工作范围达成一致,并确保**评估**或**评估复核**的范围与**预期用途**匹配。

10.05 如果根据**评估师**的**专业判断**,工作范围受到过度限制,那么可能导致无法进行遵循 IVS 的**评估**。

20. 评估要求

20.01 工作范围**必须**明确以下内容：

（a）被评估的**资产**（组）和/或**负债**：**评估**中的标的**资产**（组）和/或**负债**必须被清楚地识别。**客户**对上述信息的准确性和完整性负责。

（b）**客户**：委托**评估师**开展特定**评估**工作的个人、多人或实体。**客户**可以是内部的（即为雇主执行**评估**）或外部的（即**评估师**由第三方客户聘用）。

（c）**预期用途**（如果有）：开展**评估**的原因。

（d）**预期使用者**（如果有）：由**客户**在工作范围中确定为**评估**使用者的任何一方。

（e）**评估师**：**评估师**可以是独立的个人、多人或实体内的个人，无论受雇（内部）还是受聘（合同/外部），均需具备以客观、公正、道德和胜任的方式进行**评估**的资格、能力和经验。**评估师必须**披露所有潜在的利益冲突或偏见。

（f）**评估计量货币**：**必须**明确**评估**过程和最终评估报告或结论中使用的货币。

（g）**评估基准日**：**必须**陈述**评估基准日**，如果**评估基准日**不同于**评估**报告的日期，则报告的日期也**应该**列明。

（h）使用的**价值类型**（组）：根据"IVS 102 **价值类型**"的要求，**评估必须**符合**预期用途**。任何**价值类型**定义的来源都**必须**引证其出处或解释其基础。

（i）**评估师**工作的性质、范围和限制：**必须**指明在调查、询问和/或分析**价值**时遇到的任何限制或约束。如果**评估**的条件限制了调查，导致无法获得相关信息，这些约束及因约束作出的必要假设或特殊假设（见"IVS 102 **价值类型**"50.01—50.04 段）**必须**予以明确。

（j）**评估师**依赖的信息性质和来源：**评估师**依赖的**重要**信息的性质和来源及为确保该信息准确性进行的**重要**验证或控制措施。

（k）**特殊假设**：任何在**评估**前已知的、达成一致的特殊假设都**应该**记录在工作范围中。

（l）**专家**：**专家**的利用和作用。

（m）**环境、社会和公司治理**因素：有关考量重要**环境、社会和公司治理**因素的任何要求。

（n）编制的报告或其他文件的类型：对提供给**客户评估**成果的报告形式或可交付成果的样本进行清楚地说明。**应该**包括将提供的支持文件的类型和范围的说明。

（o）报告的使用、分发和出版限制：当有必要或需要对**评估**的使用或其依赖者进行限制时，则**必须**明确**预期使用者**和相关限制。

（p）IVS 的遵循：遵循 IVS 开展**评估**的声明**必须**在工作范围中披露，同时**评估师**要对所有**重要输入**的恰当性进行评价。如果在**评估**过程中，**评估师**清楚地意识到工作范围无法遵循 IVS 的**评估**，则**必须**以书面形式告知**客户**。

20.02　工作范围**必须**在完成**评估**报告之前由**客户**和**评估师**以书面形式确定并达成一致。在**评估**完成之前对工作范围的任何更改**必须**以书面形式沟通并达成一致。

20.03　如果在**评估**工作过程中，工作范围明显无法得出遵循 IVS 的**价值**，则该**评估**未遵循 IVS。

30. 评估过程复核和价值复核要求

30.01　**评估复核**不是**评估**。工作范围**必须**说明**评估复核**是**评估过程复核、价值复核**，还是两者都是。

（a）**评估过程复核**针对 IVS 的遵循。

（b）**价值复核**针对**价值**的合理性。

30.02　无论是**评估过程复核、价值复核**，还是两者兼有的委托，工作范围**必须**至少包括以下内容：

（a）执行的复核类型；

（b）双方同意的复核范围，即是**评估过程复核**、**价值复核**，还是两者兼有；

（c）被复核的**资产**（组）和/或**负债**；

（d）评估复核人的身份；

（e）**客户**的身份；

（f）**预期用途**；

（g）**预期使用者**（如有）；

（h）与被复核的**评估**相关的**重大**或特殊假设和/或限制条件；

（i）作为**评估复核**的一部分，**专家**或其他专业服务提供方的使用情况和作用（如涉及）；

（j）要执行的程序和要复核的文件。

18

国际评估准则

IVS 102 价值类型

| IVS 100 评估框架 | IVS 101 工作范围 | **IVS 102 价值类型** | IVS 103 评估途径 | IVS 104 数据和输入 | IVS 105 评估模型 | IVS 106 档案和报告 |

内容	节
概述	10
价值类型	20
实体特有因素	30
协同	40
假设	50
特殊假设	60
交易成本	70
价值分摊	80

附录
IVS 定义的价值类型

市场价值	A10
市场租金	A20
公平价值	A30
投资价值	A40
协同价值	A50
清算价值	A60

其他价值类型

公允价值（国际财务报告准则，IFRS）	A70
公允价值（不同司法管辖区的法律/法令）	A80

· 18 ·

价值前提	
最高最佳用途	A90
现状用途/现有用途	A100
有序清算	A110
强制出售	A120

本节要求评估师选择适当的一项（或多项）价值类型，并遵循与该价值类型相关的所有适用要求。无论要求是本准则的一部分（对于 IVS 定义的价值类型）还是本准则未作要求的（对于非 IVS 定义的价值类型）。

10. 概述

10.01 **价值类型**描述了报告中**价值**所依据的基础假设或要求。**价值类型**（或多项**价值类型**）与**评估约定条款**和**预期用途**相符是非常重要的，因为**价值类型**可能影响或决定**评估师**对于方法、**输入**和假设的选择，以及最终**价值**。

10.02 在**评估**中可以使用不同的**价值类型**。**评估师**可能被要求使用法规、监管规则、私人合同或其他框架定义的**价值类型**。

10.03 价值前提或预设用途描述了一项**资产**或**负债**使用的环境。不同的**价值类型**可能要求一个特定的价值前提或允许考虑多种价值前提。在 IVS 中常用的价值前提有（进一步说明见"IVS 102 **价值类型**"附录 A90—A120）：

（a）最高最佳用途；
（b）现状用途/现有用途；
（c）有序清算；
（d）强制出售。

10.04 **评估基准日**将影响**评估师**在**评估**中考虑的信息和**数据**。**评估师应该意识到绝大多数的价值类型**都禁止考虑参与者通过正常尽职调查在计量日/**评估基准日**无法获知或不可能获知的信息或市场观点。

10.05 多数**价值类型**反映的假设条件可能包括但不限于以下一项或多项特征，例如：

（a）假设的买方或卖方；

（b）已知的或特定的相关方；

（c）已确定的或描述的群体成员或潜在方；

（d）相关方在假设日期是否受制于特定条件或动机（如强迫）；

（e）假定的知识水平。

20. 价值类型

20.01 IVS 定义的**价值类型**在 20.02 段列示，其他非 IVS 定义的**价值类型**由个别司法管辖区的法律、地方监管机构、适用准则或国际协议认可和采纳的标准规定。

20.02 IVS 定义的**价值类型**（见"IVS 102 **价值类型**"附录 A10—A60）：

（a）**市场价值** A10；

（b）**市场租金** A20；

（c）**公平价值** A30；

（d）**投资价值/物有所值** A40；

（e）**协同价值** A50；

（f）**清算价值** A60。

20.03 其他的**价值类型**可能需要用于财务报告、税务报告或在其他法律或监管背景下。基于**价值类型**发布者的不同，相同的词汇可能有不同的定义或需要不同的**评估途径**。因此，在特定的**评估**中，应该谨慎识别、表述并应用适当的**价值类型**（其他**价值类型**的非详尽说明清单见"IVS 102 **价值类型**"附录 A70—A80）。

20.04 根据"IVS 101 **工作范围**"，**价值类型**必须与预期用途相适应，使用的任何**价值类型**定义**必须**引证其来源或解释其基础。

20.05 **评估师**有责任了解与所有使用的**价值类型**有关的法规、判例法和其他解释性指引。

20.06 "IVS 102 **价值类型**"的附录 A70—A80 列示了除 IVSC 以外的组织定义的**价值类型**，**评估师**有责任确保使用了相关定义。

30. 实体特有因素

30.01 就多数**价值类型**而言，基于市场的评估使用的**输入**一般不包括市场参与者不适用的、仅面向特定买方或卖方的因素。市场参与者可能不适用的实体特有因素包括但不限于：

（a）相似**资产**相组合产生的附加**价值**或**价值**减损；

（b）标的**资产**与实体拥有的其他**资产**产生的特有协同效应；

（c）实体特有的法律权利或限制；

（d）实体特有的税收优惠或负担；

（e）实体特有的开发一项**资产**的能力。

30.02 这些因素是实体特有的，还是市场中其他参与者适用，通常要根据具体情况确定。例如，一项**资产**可能不能单独交易，只能作为**资产**组的一部分进行交易。在这种情况下，任何与该**资产**相关的协同效应将随资产组的交易而转移给市场参与者，因此该项因素不是实体特有的。

30.03 如果**评估**中选择**价值类型**的目的是确定资产对于特定的投资者的**价值**（如"IVS 101 **价值类型**"的附录 A40 讨论的**投资价值/物有所值**），则**应该**在资产和/或负债的**评估**中反映实体特有因素。可能需要考虑实体特有**价值**的情形包括但不限于以下例子：

（a）支持投资决策；

（b）分析一项**资产**的绩效。

40. 协同效应

40.01 协同效应是指合并**资产**和/或**负债**收益。当存在协同效应时，一组**资产**和/或**负债**的**价值**大于这些**资产**和**负债**单独**价值**之和。协同效应通常涉及**成本**的下降和/或收益的提高和/或风险的降低。

40.02 **评估**中是否**应该**考虑协同效应，视**价值类型**而定。其他市场参与者通常能获得的协同效应将被纳入本准则多数**价值类型**的考虑范围（对实体特有因素的讨论见 30.01—30.03 段）。

40.03 其他市场参与者是否可以获得协同效应可根据协同效应的数量进行判断，而不是实现协同效应的具体方式。

50. 假设

50.01 除说明**价值类型**外，通常还需要作出一项或多项假设：
(a) 假设交易中的**资产**状况；
(b) 假设交易**资产**和/或**负债**的情形。

50.02 这些假设会对**价值**产生**重要**影响。

50.03 与**评估基准日**存在的事实一致或可能一致的假设，可能源于**评估师**调查或询问范围受限的程度。此类假设的例子包括但不限于：

(a) 业务中使用的一项**资产**和/或**负债**作为一个完整运营实体进行转让的假设；
(b) 业务中使用的**资产**和/或**负债**在该业务之外被单独或集体转让的假设；
(c) 单独评估的**资产**和/或**负债**与其他互补**资产**和/或**负债**一同转让的假设；
(d) 持有股份被打包或单独转让的假设。

50.04 为提供遵循 IVS 的**评估**，所有**重要**假设**必须**在特定情况

IVS 102 价值类型

下是合理的，是有证据支持的，是与**评估**所需**预期用途**相关的。

60. 特殊假设

60.01 当作出的假设与**评估基准日**现有状况不同时，则该假设称为"特殊假设"。特殊假设通常用于描述**资产**状况的可能变化对其**价值**产生的影响。被指定为"特别"是为了提示报告使用者，**评估**是基于现有状况的一种或有变化，或反映了市场参与者在**评估基准日**通常不会持有的观点。这类假设包括但不限于：

（a）不动产永久保有并空置的假设；

（b）拟建建筑物在**评估基准日**已经建成的假设；

（c）**评估基准日**存在特定合约，但实际没有履行的假设；

（d）采用与一般参与者不同的收益曲线对一项金融工具进行估算的假设。

60.02 为提供遵循 IVS 的评估，所有**重要**特殊假设必须在特定情况下是合理的，**是**有证据支持的，是与**评估**所需**预期用途**相关的。

70. 交易成本

70.01 多数**价值类型**下估算的**资产价格**不考虑卖方的销售**成本**或买方的购买**成本**，不对双方由于交易直接产生的应付税款进行价值调整。

80. 价值分摊

80.01 价值分摊是以单独或组成部分为基础对一项资产的**价值**进行单独分配。

80.02 在分摊**价值**时，分配方法**必须**与整体评估前提/基础一致，**评估师必须**：

（a）遵循所有适用的法律或监管要求；

（b）对分摊的**预期用途**作出明确的描述；

（c）考虑事实和情况，如被分配的（或多个）项目的相关（或多个）特征；

（d）视情况采取适当的方法（或多个方法）。

IVS 102 价值类型：附录

IVS 定义的价值类型

价值类型列示在附录中。在使用规定的**价值类型**（如适用）时，**必须**遵循本附录。

A10. 市场价值

A10.01　**市场价值**是指公平交易中，自愿买方和自愿卖方经过适当市场营销，且当事方在充分知情、审慎行事且未受强迫的情况下，在**评估基准日**进行某项**资产**和/或**负债**交换**应该**收取的估计金额。

A10.02　**市场价值**的定义**必须**根据下述概念框架进行应用：

（a）"估计的金额"是指资产在公平市场交易以应付货币表示的**价格**。**市场价值**是指在**评估基准日**市场上，能够合理地取得的符合**市场价值**定义的最有可能的**价格**。该价格既是卖方能够合理获取的最好售价，也是买方能够合理取得的最有利价格。该估计特别排除了被特殊条款或情形（例如非典型融资、售后租回安排、相关销售人员给予的特殊考量或优惠，或仅对适用于特定拥有者或买方的任何**价值**因素）抬高或降低的估计价格。

（b）"某项**资产**或**负债应该交换**"是指**资产**或**负债价值**是一个估计金额，而不是事先确定的金额或实际销售的**价格**。这是在**评估基准日**符合**市场价值**定义的所有要素的一个交易**价格**。

(c)"在**评估基准日**"要求该**价值**仅限于一个规定的具体时间。由于市场和市场状况可能会发生变化,估计值在另一个时点可能就会变成错误的或不适当的。估值金额反映的是有效**评估基准日**的市场状态和情形,而不是任何其他时点的市场状态和情形。

(d)"自愿买方"是指有动机而非被迫的买方。该买方既不是过于急切地购买,也不是决心以任何**价格**购买。该买方还是根据当前市场现实和当前市场预期进行购买的买方,而不是根据无法证明或预期存在的想象或假设市场进行购买的买方。假设的买方不会以高于市场要求的**价格**进行支付。当前资产拥有者包含在构成"市场"的参与者当中。

(e)"自愿卖方"是指既不过于急切,也未受强迫以任何**价格**出售的卖方,更不是准备坚持在当前市场被认为不合理的**价格**的卖方。自愿卖方具有在适当市场营销后,在公开市场根据市场条款以可获得的最佳**价格**出售**资产**的动机,不论该**价格**结果如何。实际资产拥有者的真实情形未纳入考虑范围,因为自愿卖方是一个假设的拥有者。

(f)"公平交易"是指交易方之间没有特定的或特殊的关系,例如,母公司与子公司或出租方与承租方,这些特殊关系可能使价格水平反映非典型的市场特征,或由于特殊价值因素被抬高。基于**市场价值**的交易假设是不相关联的双方的独立行为。

(g)"适当的市场营销"是指,根据**市场价值**定义,该项**资产**以最适当的方式在市场上展示且能以合理取得的最佳**价格**进行处置。最适当的销售方法被认为是,在卖方可进入的市场上获得最佳**价格**的方法。市场上展示的时间长度不是一个固定期限,而会因**资产**类型和市场状况的不同而发生变化。唯一的标准是,**必须**有充分的时间去吸引足够多的市场参与者关注该**资产**。展示期间存在于**评估基准日**之前。

(h)"当事方充分知情、审慎行事"是指,假设自愿买方与自

国际评估准则

愿卖方能够合理地知晓在**评估基准日**该项**资产**的性质和特征、真实的和潜在的使用状况,以及市场状况;同时进一步假设双方会审慎地使用掌握的知识,寻求对自身交易地位最有利的**价格**。审慎性是根据**评估基准日**的市场状况衡量的,而不是根据其后某时点的事后利益评定。例如:在一个价格下跌的市场,卖方以低于之前市场价格水平的**价格**出售**资产**未必是不审慎的。在这种情形下,像市场中价格不断变化的其他交易一样,审慎的买方或卖方将根据当时所掌握的最佳市场信息行事。

(i)"未受强迫"是指各方都有动机去进行该项交易,任何一方都不是被迫地或被过分强制地完成该项交易。

A10.03 **市场价值**的概念假定**价格**是在参与者行为自由的公开竞争市场上谈判达成的。一项**资产**的交易市场可以是国际市场,也可以是本地市场。市场可以由大量的买方和卖方组成,也可以是一个以市场参与者数量有限为特征的市场。为出售**资产**展示的市场是理论上该**资产**通常被交换的市场。

A10.04 **资产**的**市场价值**将反映其最高最佳用途(见"IVS 102 价值类型"附录 A90)。最高最佳用途是指**资产**潜力的最大化使用,该用途在技术上可能、法律上允许、财务上可行。最高最佳用途可能是**资产**现有用途的延续或某些其他用途,其是由市场参与者在确定报价意向**价格**时可能考虑的**资产**用途决定的。

A10.05 **评估输入**的性质和来源**必须**与**价值类型**一致,反过来**价值类型必须**考虑评估的**预期用途**。例如,通过使用**可观测数据**,可以用多种**评估途径**和**评估方法**得出价值结论。根据定义,市场途径采用市场衍生的输入;为指示**市场价值**,收益途径**应该**使用市场参与者采用的**输入**和假设;为采用成本途径得出**市场价值**,**应该**通过对基于市场的**成本**和折旧分析来确定具有同等效用的**资产**的**成本**以及对实体性、功能性和经济性贬值的适当调整。

A10.06 **必须**依据**数据**可用性和被评估**资产**相关市场的环境

状况，决定最相关和最适合的**评估方法**（或多种方法）。如果基于适当分析后的**可观测数据**，则使用的每种**评估途径**或**评估方法**都应该得出**市场价值**的测算结果。

A10.07　**市场价值**不是反映**资产**对于特定所有者或买方可行，而是反映对市场上其他买方不可行的**价值**属性，这种优势可能与**资产**的物理性、地理性、经济性或法律性特征相关。**市场价值**要求忽略这类**价值**要素，因为在特定时点仅假设存在一个自愿买方，而不是一个特定的自愿买方。

A20. 市场租金

A20.01　市场租金是指公平交易中，自愿出租方和自愿承租方经过适当市场营销，且当事方在充分知情、审慎行事且未受强迫的情况下，在**评估基准日**按照适当的租约条款出租不动产权益**应该**收取的租金的估计金额。

A20.02　市场租金可以作为评估租约或租约权益时的**价值类型**。在这种情况下，有必要考虑合同租金和市场租金的差异。

A20.03　支撑上述**市场价值**（见 A10）的概念性框架可以帮助理解市场租约。尤其是，估计的金额不包含因特殊条款、特别安排或减让导致的租金上涨或缩减。"适当的租约条款"是指在**评估基准日**同类型物业在市场参与者之间达成的典型约定。市场租金的测算结果**应该**仅针对假设的主要租约条款。

A20.04　合同租金是根据实际租约条款应该支付的租金，其可以在租期内固定不变或发生变化。租约说明租金支付频率和计算基础的变动，**必须**加以辨识和理解，以准确确定出租方的利益和承租方的义务（**负债**）。

A20.05　某些情形下，可能不得不基于现有租约条款对市场租金进行估计（例如，目的为确定租金时，若租约条款存在，该租金不能假设为理论租约的一部分）。

A20.06 在计算市场租金时，**评估师必须**考虑以下因素：

（a）在市场租金受限于已有租约时，除非租约条款和条件非法或与上位法律相矛盾，否则已有租约的条款和条件就是适当的。

（b）在市场租金不受制于已有租约时，设定的条款和条件是理论租约的条款，即市场中同类不动产在**评估基准日**由市场参与者达成的典型租约条款。

A30. 公平价值

A30.01 **公平价值**是在已确认的、了解情形的和有自愿交易愿望的交易双方中转移一项**资产**或**负债**时估计的价格，相关方的利益分别得到体现。

A30.02 **公平价值**需要根据特定交易方各自从交易中获取的优势和劣势，评价交易价格对交易双方的公允性。相反，**市场价值**不考虑一般市场参与者自身有利或不利因素对交易价格的影响。

A30.03 **公平价值**是比**市场价值**更宽泛的概念。尽管在许多情形下，双方达成的公允**价格**等于市场上可获取的价格，但在某些情况下，**公平价值**的评估考虑了估算**市场价值**时应剔除的事项，如由于权益合并产生的**协同价值**因素。

A30.04 采用**公平价值**的例子包括：

（a）确定非上市公司股权的公平**价格**，在这种情况下，特定持股双方之间进行交易的公平**价格**不一定等于市场上可获取的交易**价格**；

（b）确定出租方和承租方之间永久转让租赁**资产**或豁免租赁**负债**的公平价格。

A40. 投资价值/物有所值

A40.01 **投资价值**是一项**资产**对于特定所有者或预期所有者的个体投资或运营目标的**价值**。

IVS 102 价值类型

A40.02 **投资价值**是一种针对特定实体的**价值类型**。尽管一项**资产**对其所有者的**价值**可能与出售给另一方实现的金额相同,但该**价值类型**不以交换为前提,仅反映了某一个实体持有该**资产**可获得的经济利益。**投资价值**体现了**评估**时实体面对的环境和财务目标,通常用于衡量投资业绩。

A50. 协同价值

A50.01 **协同价值**是两项或多项**资产**或权益合并的结果,该**价值**通常大于单项资产和权益的**价值**之和。如果协同效应仅适用于某一特定买方,则**协同价值**将不同于**市场价值**,因为**协同价值**反映该**资产**的特定属性,该属性仅对某一个特定买方具有价值。在某些**司法管辖区**,高于各自权益总和的附加值通常被称为"结合价值"。

A60. 清算价值

A60.01 **清算价值**是指在某一特定日期,卖方被迫在清算销售中出售一项**资产**或一组**资产**实现的金额。**清算价值**可以在两种不同的价值前提下确定:

(a) 在正常的营销期内的有序交易;
(b) 在缩短的营销期内的强制交易。

A60.02 **评估师必须**披露假设的价值前提。

其他价值类型

A70. 公允价值(国际财务报告准则,IFRS)

A70.01 《国际财务报告准则第13号》(IFRS13)将公允价值定义为,市场参与者在计量日进行有序交易时,出售一项**资产**收到的或转移一项**负债**支付的**价格**。

A70.02 对于以财务报告为目的而言,超过130个国家和地区要求或认可使用国际会计准则理事会发布的《国际会计准则》。同时，美国财务会计准则委员会（FASB）在其发布的 Topic 820 中采用相同的公允价值定义。

A80. 不同司法管辖区中的公允价值（法律/法定）

A80.01　许多国家、州和地方机关使用以法庭的过往判例为基础建立的公允价值作为**价值类型**。

IVS 定义的价值前提

价值前提列示在附录中。在使用适用的价值前提时**必须**遵循本附录。

A90. 最高最佳用途

A90.01　最高最佳用途是从参与者角度看，**资产**可以产生最高**价值**的用途。

A90.02　最高最佳用途概念最常用于非金融**资产**。因为许多金融**资产**没有替代用途，可能在一些情形下，需要考虑金融资产的最高最佳用途。

A90.03　最高最佳用途**必须**是技术上可能（如适用）、财务上可行、法律上允许，并能产生最高**价值**。如果和现状用途不同，转换**资产**至其最高最佳用途的**成本**将影响**价值**。

A90.04　当**资产**达到最优使用时，其最高最佳用途可能是其现有或现状用途。

A90.05　一项**资产**单独的最高最佳用途可能与其作为**资产组**部分使用的最高最佳用途不同，后者**必须**考虑其对于**资产组**整体**价值**的贡献。

A90.06　最高最佳用途的确定需要考虑以下因素：

（a）确定该用途是否在技术上可能，必须从参与者的角度理性地分析；

(b) 反映法律上允许的要求，需要考虑各种对**资产**使用的法律限制，如城镇规划、分区标识，以及这些限制发生变化的可能性。

(c) 分析该用途在财务上可行，应该考虑是否有一种技术上可能、法律上允许的替代用途，在考虑转换替代用途的**成本**后，能否为典型参与者带来高于和超出现有用途的足够回报。

A100. 现状用途/现有用途

A100.01 现状用途/现有用途是一项**资产**、**负债**、**资产**组和/或**负债**组当前的使用方式，现状用途可以是，但不必是最高最佳用途。

A110. 有序清算

A110.01 有序清算是指在合理期限内去寻找一个（或多个）买方，且在卖方被迫按现状出售的情况下，一组**资产**在清算销售中可能实现的**价值**。

A110.02 寻找一个（或多个）买方的合理期限可能因**资产**类型和市场状况而异。

A120. 强制出售

A120.01 术语"强制出售"经常用于卖方被迫出售的情形。所谓被迫出售，是指没有适当的营销期间，且买方可能无法进行充分的尽职调查。这种状况下可能得到的**价格**将取决于卖方承受压力的性质和不能进行适当营销的原因，也可能反映卖方未能在可行期限内出售的后果。除非了解制约卖方的性质和原因，否则无法对强制出售得到的**价格**进行真实估计。卖方在强制出售中接受的**价格**，反映的是其具体的情况，而非市场价值定义中假设的自愿卖方的情况。"强制出售"是对交换发生状况的描述，而非**价值类型**的区别。

A120.02 如果需要获得强制出售状况下的**价格**指示，有必要

国际评估准则

辨识制约卖方的原因,包括在设定适当假设后未能在特定期限内出售的后果。如果这些环境状况在**评估基准日**不存在,则**必须**作为特殊假设加以明确。

A120.03 强制出售通常反映了在符合以下条件情况下特定财产的**价格**:

(a) 短期内完成出售;

(b) **资产**受**评估基准日**或假定交易完成期间内的市场状况制约;

(c) 买方和卖方的行为都是谨慎的、知情的;

(d) 卖方被迫出售;

(e) 买方将只获得其他人可获得的利益,而不会从其他市场参与者无法参与的交易中获得任何实质性利益;

(f) 双方行为考虑各自最大利益;

(g) 因展示时间短暂不可能进行正常的营销。

A120.04 在市场不活跃或市场下跌的情况下进行的销售出售不能自动归于"强制出售",因为如果条件改善,卖方会寻求更好的**价格**。除非卖方在最后期限前被迫出售,导致无法进行适当营销,否则卖方将是**市场价值**中定义的自愿卖方(见"IVS 102 **价值类型**"附录 A10)。

A120.05 如果**评估**采用**价值类型**的是**市场价值**,则应排除"强制出售"情形,但是,很难核实市场上的公平交易是否属于强制出售。

IVS 103 评估途径

| IVS 100 评估框架 | IVS 101 工作范围 | IVS 102 价值类型 | **IVS 103 评估途径** | IVS 104 数据和输入 | IVS 105 评估模型 | IVS 106 档案和报告 |

内容	节
引言	10
市场途径	20
收益途径	30
成本途径	40
附录	
市场途径的方法	A10
收益途径的方法	A20
成本途径的方法	A30

IVS 103 评估途径要求评估师根据被评估的资产和/或负债的预期用途,考虑并选择最相关和适当的**评估途径**。

10. 引言

10.1 (评估业务)**必须**仔细考虑相关且恰当的**评估途径**。为了得出符合**价值类型**的**价值**结论,可以使用一种或多种**评估途径**。下面描述和定义的三种途径是主要的**评估途径**:

(a) 市场途径;

(b) 收益途径;

(c) 成本途径。

10.02 选择合适的途径**应该**酌情最大限度地利用可观察的输入。

10.03 每种**评估途径**都包含不同的具体应用方法（见"IVS 103 评估途径"附录 A10—A30）。

10.04 为一项**资产**和/或**负债**选择**评估途径**和**评估方法**的目的是在**评估**的特定情形下寻找最恰当的方法，没有任何单一方法能适用于所有可能的情形。在选择过程中，**评估师**至少应该考虑到：

（a）**评估**约定的**预期用途**和条款决定的恰当的**价值类型**和价值前提；

（b）可行的**评估途径**和**评估方法**各自的优势和劣势；

（c）根据**资产**和/或**负债**的性质与相关市场的参与者使用的**评估途径**和**评估方法**判断每种方法的适当性；

（d）是否有应用该方法所需的可靠信息；

（e）活跃市场的价格信息。

10.05 **评估师**在对**资产**和/或**负债**进行**评估**的过程中不要求使用多种方法，特别是当**评估师**根据**评估**项目的实际情形和环境，对某种单一方法的可靠性和准确性有高度信心的情况下。

10.06 **评估师**应该考虑使用多种途径和方法。为了得到指示性**价值**，尤其是因缺少充分事实或可观察**输入**使得单一方法不能得出可信赖的结论时，**应该**考虑并可以使用一种以上的**评估途径**或**评估方法**。

10.07 当采用一种以上的**评估途径**和**评估方法**，或一种途径中的多种方法时，基于多种途径和/或方法得出的**价值应该**是合理的，**评估师应该**在报告中说明通过分析和校验不同**价值**得出单一结论的过程，而不是简单进行平均化处理。

10.08 虽然本准则涵盖了对成本途径、市场途径和收益途径中具体**评估方法**的讨论，但并没有提供一个包含所有恰当可能的**评估方法**的综合清单。为每项评估业务选择恰当的方法是**评估师**的责任。遵循 IVS 准则也可能需要**评估师**使用到 IVS 没有定义或提及的方法。

10.09 当不同**评估途径**和/或**评估方法**得出的指示性**价值**大相径庭时，**评估师应该**执行程序以理解指示性**价值**为何存在差异，因为通常简单地将两个或更多个有**重大**分歧的指示性价值进行加权是不合适的。在这种情形下，**评估师应该**重新考虑"IVS 103 **评估途径**"第10.04段的指引，以决定其中哪一种**评估途径**和/或**评估方法**能提供一个更好或更可靠的指示性**价值**。

10.10 **评估师应该**在三种途径中最大限度地使用相关的、可观察的市场信息。不管**评估**使用的假设和**输入**来源如何，**评估师必须**进行恰当的分析，评价这些**输入**和假设及其对**评估预期用途**的适用性。

10.11 **评估师**在确定**评估途径**、**评估方法**和程序时**应该**运用**专业判断**。如果根据**评估师**的**专业判断**，对**评估师**选择**评估途径**、**评估方法**和**评估**程序的限制过度，则可能无法得出遵循 IVS 的**评估**（见"IVS 101 工作范围"10.05 段）。

10.12 没有一种途径或方法适用于所有情况，从活跃市场中获得的价格信息通常被认为是**价值**的最有力依据。一些**价值类型**可能会禁止**评估师**对活跃市场获得的价格信息作出主观调整。此时，从不活跃市场获得的价格信息可能仍然是有用的**价值**依据，但是需要进行一些主观调整。

10.13 如果**评估师**无法采用合理且知情的第三方将采用的**评估途径**、**评估方法**和程序，**评估**可能会受到限制，并且有理由预计该限制可能对**价值**估计产生**重大**影响。

20. 市场途径

20.01 市场途径通过将标的**资产**和/或**负债**与可获取价格信息的相同或可比（即相似）**资产**和/或**负债**进行比较，提供一种指示性**价值**。

20.02 市场途径**应该**始终考虑交易量、交易频率、观察到的

国际评估准则

价格范围以及与**评估基准日**的接近程度。以下情形**应该**运用市场途径并设定**重要权重：**

（a）标的**资产**近期已在一项适合按**价值类型**进行对价的交易中出售；

（b）标的**资产**或实质相似的**资产**有活跃的公开交易；

（c）实质相似的**资产**有频繁的和/或近期被观察到的交易。

20.03 尽管上述内容指出了**应该**采用市场途径并赋予**重要权重**的情形，但在以下情形应用市场途径时，**评估师应该**考虑是否可以采用其他途径并乘以**权重**，以验证市场途径的指示性**价值**。

（a）考虑到市场的波动性和活动水平，涉及标的**资产**或实质相似的**资产**的交易时间并不是足够近期的；

（b）**资产**或实质相似的**资产**是公开交易的，但是并不活跃；

（c）市场交易的信息可获取，但是可比**资产**与标的**资产**存在**重大差异**，可能需要进行主观调整；

（d）近期交易信息是不可靠的（即传闻、信息缺失、协同性购买、非公平交易、廉价急售等）。

20.04 许多**资产**的异质性意味着，通常不可能找到涉及完全相同或相似**资产**的市场交易依据。即使在不能使用市场途径的情形下，在采用其他途径时也**应该**最大化地使用可观察到的**输入**（例如：有效收益和回报率这种基于市场的估值指标）。

20.05 当可比市场信息与标的**资产**或实质相似的**资产**不相关时，**评估师必须**对可比**资产**和标的**资产**在定性和定量上的相似性和差异性进行比较分析。通常有必要基于这些比较分析作出调整，这些调整**必须**合理，且**评估师必须**记录调整的原因，以及其是如何被量化的。

20.06 市场途径通常使用由一组可比数据推导出的市场乘数，每组可比数据得出不同的乘数。在一个范围中选择恰当的乘数，可能需要依据定性和定量的因素作出调整和判断。

IVS 103 评估途径

30. 收益途径

30.01 收益途径通过将预计现金流转换为单一的现行**价值**提供一种指示性**价值**。在收益途径中,**资产**的**价值**参照**资产**产生的相关收益、现金流或节约成本的**价值**来决定。

30.02 以下情形**应该**运用收益途径并赋予**重要**权重:

(a) 从参与者角度看,标的**资产**的盈利能力是影响**价值**的关键因素;

(b) 标的资产未来的收益从时间和数量上能够合理预期,且没有相关和可靠的市场可比案例。

30.03 尽管上述内容指出了**应该**采用收益途径并赋予**重要权重**的情形,但在下列情形应用收益途径时,**评估师应该**考虑是否可以应用其他途径并赋予权重,以验证收益途径的指示性**价值**。

(a) 从参与者角度看,标的**资产**的盈利能力只是影响**价值**的几个因素之一;

(b) 标的**资产**相关的未来收益在金额和时间上有**重大**不确定性;

(c) 无法完全获得标的**资产**的相关信息(例如,少数股东权益者可能只能获取历史财务数据而不能获得预测/预算数据);

(d) 标的**资产**尚未开始产生收益,只是预期会产生收益。

30.04 收益途径的一个基本依据是投资者预期他们的投资将获得回报,且这种回报**应该**反映投资的可感知风险水平。

30.05 通常情况下,投资者预期只能得到针对系统性风险(也被称作"市场风险"或"不可分散风险")的补偿。

40. 成本途径

40.01 成本途径使用经济学原理提供了一种指示性**价值**,即除非存在时机不当、不便、风险或其他因素,否则买方为一项**资产**

支付的费用不会高于通过购买或建造获取等效**资产**的**成本**。该途径通过计算资产的现行更新重置或复原重置成本，并扣除所有相关形式的贬值，提供一个指示性**价值**。

40.02 以下情形**应该**运用成本途径并设定**重要权重**：

（a）参与者能够在不受监管或法律限制的情形下，重新创建与标的**资产**基本等效的**资产**，且这项**资产**可以被足够快速地重新创建，以至参与者不愿意为立刻使用标的**资产**而付出**重大溢价**；

（b）**资产**不能直接产生收益，且**资产**的独特性质使得通过收益途径和市场途径评估不可行；

（c）使用的**价值类型**从根本上以重置成本为基础；

（d）该**资产**是最近创建或发行并销售给市场参与者的，所以在成本途径中所使用的假设具有高度的可靠性。

40.03 尽管 40.02 段指出了**应该**采用成本途径并设定**重要权重**的情形，但在以下情形应用成本途径时，**评估师应该**考虑是否可以应用其他途径并赋予权重，以验证成本途径的指示性**价值**：

（a）参与者可能会考虑重新创造一项具有相似效用的**资产**，但重新创造资产存在潜在的法律或监管障碍，或需要大量时间；

（b）成本途径用作检查其他途径的合理性（例如，使用成本途径确认企业持续经营的价值是否高于其清算基础的价值）。

40.04 在建资产的**价值**通常反映迄今建造**资产**所支出的**成本**（以及这些**成本**是否对**价值**有贡献），以及市场参与者对于该**资产**完成时的**价值**预期，但是也要考虑完成该**资产**需要继续支付的**成本**和花费的时间，以及对利润和风险进行适当调整。

IVS 103 评估途径：附录

本附录提供的评估方法可能不适用于所有资产类别或使用情况。但是，在使用适用的评估方法时，必须遵循本附录。

A10. 市场途径的方法

交易案例比较法

A10.01 交易案例比较法，也称指引交易法，使用涉及与标的**资产**相同或相似**资产**的相关交易案例信息获得指示性**价值**。

A10.02 当考虑的可比交易案例涉及标的**资产**时，这种方法有时被称为先前交易法。

A10.03 如果近期很少发生交易，**评估师**则可以考虑相同或相似资产近期的挂牌或要约出售的**价格**，前提是信息相关性是经过清晰确认、批判分析和文字记录的。这有时被称作可比挂牌法，其不**应该**被作为唯一的指示性**价值**，但适合与其他方法一起进行考虑。当考虑挂牌或要约买卖时，设定挂牌/要约价格的**权重应该**考虑价格内在的承诺水平和挂牌/要约在市场上存在的时间。例如，一个以给定价格买卖**资产**的具有约束性承诺的要约，其**权重**可能高于一个没有此类约束性承诺的报价。

A10.04 交易案例比较法可以使用各种不同的可比依据，这些依据也被称作比较单元，其组成了比较的基础。例如，许多用于不动产权益的常用比较单元包括每平方英尺（或每平方米）价格、每平方英尺（或每平方米）租金和资本化率。一些用于企业价值评估的众多常用比较单元包括 EBITDA（息税折旧及摊销前利润）乘数、收入乘数、利润乘数和账面价值乘数。一些用于金融工具评估的众多常用比较单元包括投资收益和利差等基准参数。参与者使用的比较单元根据资产类别、行业和地域而有所区别。

A10.05 交易案例比较法的一个子集是矩阵定价，主要用于对债务证券等某些类型的金融工具进行评估，不依赖于特定债券的独有报价，而是依赖于债券和其他基准报价债券的关系及其属性（如收益）。

A10.06 交易案例比较法的关键步骤是：

(a) 识别相关市场参与者常用的比较单元；

(b) 识别相关可比交易案例并计算这些交易的关键价值乘数；

(c) 对可比**资产**和标的**资产**在定性和定量方面的差异执行一致的比较分析；

(d) 对价值乘数作出必要的调整（如有）以反映标的**资产**和可比**资产**的差异；

(e) 将调整后的价值乘数应用于标的**资产**；

(f) 如果使用了多个价值乘数，则对指示性**价值**进行核对。

A10.07 **评估师应该**在以下情形选择可比交易案例：

(a) 多笔交易依据通常比单笔交易依据更可取；

(b) 与交易**价格**需要进行**重大**调整的**资产**相比，来自非常相似（理想状态是一样的）**资产**的交易依据提供了更好的指示性**价值**；

(c) 与更早/过时的交易相比，距离**评估基准日**近的交易更能代表市场情况，特别是在波动较大的市场中；

(d) 对于大部分**价值类型**，交易**应该**是非关联方之间的公平交易；

(e) **应该**能从交易中取得充足的信息，使得**评估师**可以对可比**资产**形成合理的理解并得到价值乘数/可比依据；

(f) 可比交易案例的信息**应该**来自可靠和可信的渠道；

(g) 真实交易比预期交易能提供更好的评估证据。

A10.08 **评估师应该**对可比交易案例和标的**资产**之间的任何**重大**差异进行分析并作出调整。可能需要调整的常见差异包括但不限于以下方面：

(a) 物理特性（年限、尺寸、规格等）；

(b) 尺寸调整；

(c) 持股规模（部分或多数）；

(d) 标的**资产**或可比**资产**的相关限制条件；

(e) 地理位置（**资产**的位置和/或**资产**可能被交易或使用的位置）和相关的经济和监管环境；

(f) **资产**的利润率或盈利能力；

(g) 历史和预期增长；

(h) 收益率/票面利率；

(i) 抵押类型；

(j) 可比交易案例中的不寻常条款；

(k) 可比**资产**和标的**资产**在可销售性和控制特性方面的差异；

(l) ESG因素考量的差异；

(m) 所有权特性（例如：所有权的法律形式，持股金额比例）。

公开交易比较法

A10.09 公开交易比较法利用与标的**资产**相似的公开交易可比信息得出指示性**价值**。

A10.10 这种方法与可比交易案例法相似。但是，由于比较案例为公开交易，公开交易比较法与可比案例法会有以下差异：

(a) 在**评估基准日**，价值乘数/可比依据是可获得的；

(b) 可比案例的详细信息是公开披露并可以获取的；

(c) 公开披露的信息是依据会计、监管和法律准则编制的。

A10.11 该方法只有当标的**资产**和公开交易可比案例充分相似，以至能够作出有意义的比较时，才**应该**被应用。

A10.12 公开交易比较法的关键步骤如下：

(a) 识别相关市场参与者的价值乘数/可比依据；

(b) 识别相关公开交易比较案例并计算这些交易中的关键价值乘数；

(c) 对公开交易比较案例和标的**资产**之间在定性和定量方面的异同进行一致性比较分析；

（d）对价值乘数作出必要的调整（如有），以反映标的**资产**和公开交易比较案例之间的差异；

（e）将调整后的价值乘数应用于标的**资产**；

（f）如果使用了多个价值乘数，则对各指示性**价值**进行加权。

A10.13 **评估师应该**在以下情形中选择公开交易比较案例：

（a）考虑多个公开交易比较案例优于使用单个比较案例；

（b）与需要进行**重大**调整的比较案例相比，相似公开交易比较案例的交易依据（如相似的细分市场、地理区域、收入和/或资产规模、增长率、利润率、杠杆率、流动性和多样性）能提供更好的指示性**价值**；

（c）交易活跃的证券比交易不活跃的证券提供更有意义的依据。

A10.14 **评估师应该**对公开交易比较案例和标的**资产**之间的任何实质性差异进行分析并作出调整。可能需要调整的常见差异包括但不限于以下方面：

（a）物质特性（年限、尺寸、规格等）；

（b）相关的折价和溢价（见"IVS 103 **评估途径**"）；

（c）标的**资产**或可比**资产**的相关限制条件；

（d）相关公司的地理位置和相关经济与监管环境；

（e）**资产**的利润率或盈利能力；

（f）历史和预期增长；

（g）可比**资产**和标的**资产**在可销售性和控制特性方面的差异；

（h）ESG 因素考量的差异；

（i）从属关系。

其他的市场途径考量

A10.15 某些特殊考量可能属于市场途径**评估**的一部分，包括但不限于以下段落提到的内容。

A10.16 传闻或"经验法则"的评估基准有时也被认为属于市场途径。除非可以表明买家或卖家对这些规则有**重大**依赖性，否则由这些规则得出的指示性**价值**不**应该**被赋予实质的**权重**。

A10.17 在市场途径中，作出调整的基本依据是调节标的**资产**和可比交易案例或公开交易证券之间的差异。市场途径中最常见的调整是折价和溢价。

（a）当认为可比案例比标的**资产**具有更强的市场流通性时，**应该**采用缺乏流动性折价（DLOM）。DLOM反映的概念是，当比较其他方面相同的**资产**时，一项具有较高市场流通性的**资产**比一项营销时间较长或出售受限制的**资产**具有更高的价值。例如，公开交易的证券几乎能够被立刻买卖，而私人公司的股票可能需要大量时间确定潜在买家并完成交易。许多**价值类型**允许考虑标的**资产**固有的市场流通性限制，但是禁止考虑只针对特定拥有者的流通性限制。DLOM可以运用任何合理的方法进行量化，但通常使用期权定价模型计算，可以对同一个公司流通股和限售股的价值进行比较研究，或对一个公司IPO前后的股份价值进行比较研究。

（b）控制权溢价，有时也被称作市场参与者并购溢价（MPAPs）和缺乏控制权折价（DLOC），用于反映可比案例和标的**资产**之间在决策能力和因行使控制权可能导致变化方面的差异。在所有其他条件相同时，参与者通常倾向于拥有对标的**资产**的控制权。然而，参与者对控制权溢价或DLOC的支付意愿，通常取决于行使控制权的能力是否能够强化标的**资产**拥有者的经济效益。控制权溢价和DLOC可以使用任何合理的方法进行量化，但通常是要么基于对强化特定现金流或减少与控制权相关风险的分析进行计算，要么通过对比公开交易证券观察到的对控制权变化支付的**价格**与该交易公告前**价格**的差异进行计算。**应该**考虑控制权溢价和缺乏控制权折价的情形举例如下：

（i）公众公司股权通常没有能力作出影响公司经营的决定

（缺乏控制权）。因此，在应用公开交易比较法对具有控制权的标的**资产**进行评估时，控制权溢价可能适用。

（ii）交易案例法中的交易案例通常反映控制性权益的交易。当使用这种方法对反映少数股东权益的标的**资产**进行评估时，DLOC 可能适用。

(c) 当标的**资产**是一个公开交易证券中的大宗股票份额，所有者无法在不对公开交易价格产生负面影响的情况下在公开市场迅速出售该大宗股票时，有时会采用大宗交易折价。可以使用任何合理的方法量化大宗交易折价，但是通常使用的模型会考虑参与者在不对公开交易价格产生负面影响的情况下出售标的股份的时间长度（即每天在日常交易中卖出相对少量的证券）。在某些**价值类型**中，特别是以财务报告为目的的公允价值中，禁止使用大宗交易折价。

A20. 收益途径的方法

A20.01 虽然收益途径有许多实施方法，但收益途径中的具体方法实际上都是基于将未来现金流折为现值，都是现金流折现（DCF）法的变化形式。下面的概念可以部分或全部应用于所有收益途径中的具体方法。

现金流折现（DCF）法

A20.02 在现金流折现法中，预测的现金流被折现回**评估基准日**，以得出**资产**的现值。

A20.03 在某些情形下，对于一些长期或无限寿命的**资产**，折现现金流可能包括一个终值，代表**资产**在明确预测期结束时的**价值**。在其他情形中，**资产**的**价值**可能仅用终值进行计算，而没有明确预测期。这种方法通常被称为收益资本化法。

A20.04 现金流折现法的关键步骤是：

(a) 根据标的**资产**和**评估**的性质选择最合适的现金流类型（即

税前或税后现金流、全部现金流或股权现金流、实际或名义现金流等）；

（b）为预测的现金流确定一个最合适的明确期限（如有）；

（c）作出这个期限的现金流预测；

（d）判断为标的**资产**在明确预测期（如有）结束时设定的终值是否合适，然后根据**资产**的性质确定恰当的终值；

（e）确定适当的**折现率**；

（f）将**折现率**应用于预测的未来现金流，包括终值（如有）。

现金流类型

A20.05 当根据**资产**或**评估**的性质选择恰当的现金流类型时，**评估师必须**考虑以下因素。此外，**折现率**和其他**输入必须**与选定的现金流类型一致。

（a）整体**资产**现金流或部分权益现金流：通常使用整体**资产**的现金流。但有时其他层级的收益也可能被用到，如权益现金流（支付债务的本金和利息后）或股利现金流（只分配给权益所有者的现金流）。最常用到的是整体**资产**现金流，因为一项**资产**理论上**应该**只有一个**价值**，与其融资方式或收益用作支付股息或再投资无关。

（b）现金流可以是税前或税后的：采用的税率**应该**与**价值类型**一致，并且在许多情形中是参与者的税率，而不是特定拥有者的税率。

（c）名义现金流或实际现金流：实际现金流不考虑通货膨胀，而名义现金流包括预期的通货膨胀。如果预期现金流包含预期通货膨胀率，**折现率**也须包含对通货膨胀的调整。

（d）货币：货币的选择可能对通货膨胀和风险相关的假设产生影响，尤其是对新兴市场或高通货膨胀率的货币而言。编制预测所用的货币及相关风险与**资产**所在或经营所在国家的相关风险是分开且不同的。

（e）预测中包含的现金流类型：例如，概率**加权情景法**、最可能的现金流、合同现金流等。

A20.06 选择的现金流类型**应该**与参与者的观点一致。例如，不动产的现金流和**折现率**通常使用基于税前的，而企业的现金流和**折现率**通常使用基于税后的。税前和税后比率的调整可能很复杂，容易出现错误，因此**应该**谨慎处理。

A20.07 当**评估**使用的货币（评估货币）与预测现金流所用的货币（功能货币）不同时，**评估师应该**使用下述两种货币转换方法之一：

（a）应用适合功能货币的**折现率**对功能货币的现金流进行折现。按照**评估基准日**的即期汇率将现金流的现值转化为评估货币；

（b）使用货币互换远期曲线将功能货币的预测转化为评估货币的预测，并使用适合评估货币的**折现率**对预测进行折现。当无法获得可靠的货币互换远期曲线时（如由于相关货币互换市场缺乏流动性），可能无法使用这种方法，而只能应用 A20.07（a）中描述的方法。

明确预测期

A20.08 选择标准主要取决于**评估预期用途**、**资产**的性质、可获取的信息和要求的**价值类型**。对于一项寿命较短的**资产**，更可能做到的和适宜的做法是预测整个生命期的现金流。

A20.09 **评估师**在选取明确预测期时**应该**考虑以下因素：

（a）**资产**的寿命；

（b）有可靠**数据**作为预测依据的合理期限；

（c）**应该**有充足的使**资产**达到稳定增长和稳定利润的最短明确预测期，在此之后，可以使用终值；

（d）在**评估**周期性**资产**时，在可能的情形下，明确预测期通常**应该**包含整个周期；

（e）对于寿命有限的**资产**（如大部分金融工具），通常预测将覆盖**资产**全部生命期的现金流。

A20.10 在某些情况中，特别是当**资产**在**评估基准日**以稳定的增长水平和利润水平经营时，可以不考虑明确预测期，终值可以作为唯一的价值基础（有些时候被称为收益资本化法）。

A20.11 投资者打算持有的时间不**应该**作为选择明确预测期的唯一考量，且不**应该**对**资产**的**价值**产生影响。然而，如果**评估目的**是确定**资产**的**投资价值**，则在明确预测期时需要考虑**资产**可能被持有的时间。

现金流预测

A20.12 明确预测期的现金流是使用未来财务信息（PFI）（"预测收益/现金流入"和"费用/现金流出"）来编制的。

A20.13 按照"IVS 103 **评估途径**"的要求，不管 PFI 的来源如何（如管理层预测），**评估师必须**对 PFI、PFI 的假设及对**评估预期用途**的恰当性进行评价，PFI 及其依据的假设的适用性是由**评估预期用途**和**价值类型**确定的。例如，用于确定**市场价值**的现金流应该反映一般市场参与者预期的 PFI；相反，**投资价值**可以通过基于特定投资者合理预测的现金流进行衡量。

A20.14 现金流按照适当的时期间隔（如每周、每月、每季或每年）进行划分，时期间隔的选择取决于**资产**的特性、现金流的模式、**数据**的可获取性和预测期的长度。

A20.15 预测现金流**应该**反映与标的**资产**相关的所有未来现金流入和流出的数量和时间，并与**价值类型**相适应。

A20.16 通常情形下，预测现金流**应该**反映以下现金流中的一种：

（a）合同约定的或承诺的现金流；

（b）单项最可能实现的现金流；

(c) 概率加权的预期现金流;

(d) 多种情景下未来可能的现金流。

A20.17 不同种类的现金流通常反映不同的风险水平,并且可能需要不同的**折现率**。例如:概率加权预期现金流包含对所有可能结果的预期,而且不依赖于任何特定状况或事件(注意:当使用概率加权预期现金流时,**评估师**并不一定使用复杂的模型和技术考虑所有可能的现金流分布。相反,**评估师**可以使用一个数量有限的离散情景和概率来反映可能的现金流序列)。单一最可能实现的现金流也许要以某些未来事件为条件,因此可能会反映不同的风险,并由不同的**折现率**来体现。

A20.18 **评估师**通常取得的是反映会计上收益和费用的 PFI,这时通常更倾向于使用市场参与者的预期现金流作为**评估**基础。例如,在计算现金流时,折旧和摊销等会计非现金支出**应该**被加回,而与资本支出或营运资金变化相关的预期现金流出**应该**被扣除。

A20.19 **评估师必须**确保在现金流预测中已对标的资产的季节性和周期性进行适当考虑。

终值

A20.20 当预计**资产**在明确预测期后是持续运营时,**评估师必须**估计**资产**在预测期结束时的**价值**,然后将终值折现到**评估基准日**,通常使用与预期现金流相同的**折现率**。

A20.21 终值**应该**考虑以下因素:

(a) **资产**的性质是否在退化/是有限寿命的还是无限寿命的,因为这会影响计算终值时使用的方法;

(b) **资产**在明确预测期后是否还具有未来增长潜力;

(c) 在明确预测期后,是否存在预先确定的固定资本金额、资本支出或预期收到的回报条件;

(d) 计算终值时**资产**的预期风险水平;

（e）对于周期性资产，终值**应该**考虑**资产**的周期性特性，不**应该**假设现金流永远处在"峰值"或"低谷"水平；

（f）明确预测期结束时**资产**固有的税收属性（如有），以及这些税收属性是否预期将会永续；

（g）与标的**资产**的**环境、社会和公司治理**特性相关的风险和机遇。

A20.22　**评估师**可以应用任何合理的方法计算终值。虽然有许多种计算终值的方法，但以下是三种是最常用的方法：

（a）戈登（Gordon）增长模型/固定增长模型；

（b）市场途径/退出价值法（同时适用于正在折损/有限寿命的资产和无限寿命的**资产**）；

（c）残值/处置成本（只适用于正在折损/有限寿命**资产**）。

戈登（Gordon）增长模型/固定增长模型

A20.23　戈登增长/固定增长模型假设**资产**产生的现金流永远以一个固定比率增长（或降低）。

市场途径/退出价值法

A20.24　市场途径/退出价值法能够以多种方式执行，但最终目标都是计算**资产**在明确现金流预测期结束时的**价值**。

A20.25　使用这种方法计算终值的常见方法包括采用基于市场依据的资本化系数或市场乘数。

A20.26　当使用市场途径/退出价值法时，**评估师应该**遵循本准则中市场途径和市场途径的方法部分（见"IVS 103 **评估途径**"第 20 节和附录 A10）的要求。然而，**评估师**也应该考虑明确预测期结束时的预期市场状况并据此作出相应调整。

残值/处置成本法

A20.27 一些**资产**的终值可能和前述的现金流只有很少的关系或没有关系。这些**资产**的例子包括矿产或油井等消耗性资产。

A20.28 在这种情形下，终值通常按照**资产**的残值减去处置**资产**需要的**成本**计算。在**成本**超过残值的情形中，终值是负数且被称为处置成本或资产弃置费。

折现率

A20.29 预测现金流的**折现率应该**不仅反映资金的时间价值，而且反映与现金流类型和**资产**未来经营相关的风险。

A20.30 **折现率必须**与现金流类型一致。

A20.31 **评估师**可以使用任何合理的方法来估算适当的**折现率**。估算**折现率**或确定**折现率**合理性的方法有许多，通常包括但不限于以下方法：

(a) 资本资产定价模型（CAPM）；
(b) 加权平均资本成本（WACC）；
(c) 观察或推论出的比率/收益率；
(d) 累加法。

A20.32 当评判**折现率**的适用性时，**评估师应该**考虑进行佐证分析。常见分析包括但不限于：

(a) 内部收益率（IRR）；
(b) 加权平均资产收益率（WARA）；
(c) 其他方法中的**价值**指示，如市场途径，或将收益途径中的内含倍数与可比公司的市场倍数或交易倍数进行比较。

A20.33 在估算**折现率**时，**评估师应该**考虑：

(a) 被评估**资产**的类型，例如：评估债务应用的**折现率**可能与评估不动产或企业业务的**折现率**不同；

（b）市场可比交易案例内含的比率；

（c）**资产**的地理位置和/或可能被交易的市场的位置；

（d）**资产**的寿命（期限）和/或到期日以及**输入**的一致性。例如，所采用的无风险利率的到期日将视情况而定，但通常的做法是将无风险利率的到期日与采用的现金流的时间范围匹配；

（e）应用的**价值类型**；

（f）预测现金流的货币面额。

A20.34 在估算**折现率**时，**评估师必须**：

（a）记录估算**折现率**所采用的方法和使用依据；

（b）提供推导**折现率**的依据，包括**重要输入**的确认及其推导或来源的支撑。

A20.35 **评估师必须**考虑编制预测的**预期用途**，以及预测假设是否与所使用的**价值类型**一致。如果预测假设与使用的**价值类型**不一致，可能有必要调整预测或**折现率**。

A20.36 在估算**折现率**时，**评估师必须**考虑实现**资产**预测现金流的风险。具体而言，**评估师必须**评价预测现金流假设的潜在风险是否已在**折现率**中体现。

A20.37 估算实现预测现金流的风险有多种方法，通常包括但不限于以下方法：

（a）确定预测现金流的关键组成部分，并将预测现金流的关键组成部分与以下内容进行比较：

（i）**资产**的历史运营和财务业绩；

（ii）可比**资产**的历史业绩和预期业绩；

（iii）行业的历史业绩和预期业绩；

（iv）**资产**主要运营所在国家或地区的近期和长期的预期增长率。

（b）确认预测现金流是否代表**资产**的预期现金流（即概率加权情景），而不是最有可能的现金流（即最有可能的情景），或其他类型的现金流。

（c）如果运用预期现金流，考虑用于推导预期现金流潜在结果的相关离散度（例如，较高的离散度可能表明需要调整**折现率**）。

（d）将之前对**资产**的预测与实际结果进行比较，以评定管理层估算的准确性和可靠性。

（e）考虑定性因素。

（f）考虑价值指示，如市场途径中的那些价值指示。

（g）考虑与标的资产的**环境、社会和公司治理**特性相关的风险。

A20.38 如果**评估师**确定**资产**的预测现金流中某些风险尚未在**折现率**中体现，则**评估师必须**：

（a）调整预测：在调整现金流预测时，**评估师应该**提供必要的调整理由，采取定量程序支持调整，并记录调整的性质和金额。

（b）调整**折现率**以考虑尚未体现的风险：在调整**折现率**时，**评估师应该**记录不恰当或不可能调整现金流预测的原因，提供**折现率**未考虑此类风险的理由，采取定量和定性程序支持调整，并记录调整的性质和金额。使用定量程序并不一定需要对**折现率**的调整进行定量推导。**评估师**不需要执行详尽的定量程序，但**应该**考虑所有合理可用的信息。

A20.39 在计算**折现率**时，合适的做法是考虑**资产**的计算单位对非系统风险和整体**折现率**推导的影响。例如，**评估师应该**考虑市场参与者是否会独立评估资产的**折现率**，或市场参与者是否会在更广泛的投资组合中评价**资产**，从而考虑非系统性风险的潜在分散。

A20.40 **评估师应该**考虑公司间约定和转让定价对**折现率**的影响。例如，在公司间约定中为大型企业的某些公司或实体详细规定固定或保证回报的情况并不罕见，这将降低该实体预测现金流的风险并降低适当的**折现率**。但同时，该大型企业内的其他公司或实体将被视为剩余收益者，既分配超额回报，又分担风险，从而增加了实体预测现金流的风险，并提高适当的**折现率**。

A30. 成本途径的方法

A30.01 广义来讲，成本途径有三种具有代表性的方法：

（a）更新重置成本法：通过计算提供同等效用的相似**资产**的**成本**得出指示性**价值**的方法；

（b）复原重置成本法：通过计算重新创造资产复制品的**成本**得出指示性**价值**的方法；

（c）资产加和法：通过计算将资产组成部分的独立**价值**加总得出**资产价值**的方法。

更新重置成本法

A30.02 通常，更新重置成本是参与者为复制具有可替代效用**资产**所支付**价格**的相关**成本**，这是基于对**资产**效用的复制，而非对**资产**准确物理特性的复制。

A30.03 通常更新重置成本会对物理损耗和所有形式的相关贬值进行调整。在进行这样的调整后，就可以得到折余重置成本。

A30.04 更新重置成本法的关键步骤是：

（a）计算一个典型参与者寻求创造或取得一项提供同等效用的**资产**产生的所有**成本**；

（b）判断标的**资产**是否存在与实体性、功能性和外部损耗相关的折旧；

（c）从总**成本**中减掉总折旧得出标的**资产**的**价值**。

A30.05 更新重置成本通常是现时等效**资产**的重置成本，即提供与被评估**资产**相似的功能和同等效用，但其采用当代设计并使用当前更具成本效益的材料和技术建造或制造。

复原重置成本法

A30.06 复原重置成本适用于以下情形：

(a) 现时等效**资产**的**成本**大于标的**资产**的重新复制**成本**；

(b) 标的**资产**提供的效用只能由复制品而不是现时等效物提供。

A30.07 复原重置成本法的关键步骤是：

(a) 计算一个典型参与者寻求创造一项标的**资产**的精确复制品产生的所有**成本**；

(b) 判断标的**资产**是否存在与实体性、功能性和外部贬值相关的折旧；

(c) 从总**成本**中减掉总折旧得出标的**资产**的**价值**。

资产加和法

A30.08 资产加和法，也称资产基础法，通常适用于投资公司或其他类型的**资产**或实体，其**价值**主要取决于其持有物的**价值**。

A30.09 资产加和法的关键步骤是：

(a) 使用恰当的**评估途径**对标的**资产**的各个组成部分的**资产**进行评估；

(b) 将各个组成部分**资产**的**价值**加总，得出标的**资产**的**价值**。

成本考量

A30.10 成本途径**应该**包含典型参与者可能发生的所有**成本**。

A30.11 成本要素可能因**资产**类型而异，**应该**包括在**评估基准日**更新重置/复原重置**资产**需要的直接和间接成本中。需要考虑的一些常见项目包括但不限于：

(a) 直接成本：

　（i）原材料；

　（ii）劳动力。

(b) 间接成本：

　（i）运输成本；

（ⅱ）安装成本；

（ⅲ）专业费用（设计、许可、建筑、法律等）；

（ⅳ）其他费用（佣金等）；

（ⅴ）管理费用；

（ⅵ）税费；

（ⅶ）财务费用（如债务融资利息）；

（ⅷ）**资产**创建者的利润率（如投资回报）。

A30.12 从第三方购入的**资产**可能反映了创建该**资产**的相关**成本**和某种形式的利润率，以便得出投资回报。因此，在存在假设交易的**价值类型**下，将特定**成本**的假设利润率包括在内可能是恰当的，这可以以目标利润的形式表达，既可以是固定金额，也可以是**成本**或**价值**的百分比回报。然而，如果包含了财务费用，那么其可能已经反映了参与者对投入资本的要求回报，所以**评估师**应该谨慎处理同时包含财务费用和利润率的情况。

A30.13 当**成本**来源于第三方供应商或承包商实际、报价或估算的价格时，这些**成本**已经包括第三方期望的利润水平。

A30.14 创建标的**资产**（或相关可比**资产**）所发生的实际**成本**，可能是可获得的并提供了一个**资产成本**的相关指示，但也可能需要作出调整，以反映以下事项：

（a）**成本**发生日期和**评估基准日**间的成本波动；

（b）在成本数据中反映但在创建等效物时不会出现的任何非典型的或异常的**成本**或节余。

折旧/贬值

A30.15 在成本途径中，"折旧"是对建造一项同等效用**资产**的估算**成本**所作出的调整，以反映影响标的**资产价值**的任何贬值。此含义与该词在财务报告或税法中通常指随时间推移系统性分摊资本性支出的方法的含义不同。

A30.16 折旧调整一般考虑以下类型的贬值,在实际调整时可能会对其进一步细分:

(a) 实体性贬值:**资产**或其组件由于老化和使用引起的物理贬损导致的任何效用损失;

(b) 功能性贬值:由设计、规格或技术过时导致标的**资产**相比其替代品因效率低下而产生的任何效用损失;

(c) 外部或经济性贬值:由**资产**外部的经济或区位因素引发的任何效用损失。这种类型的贬值可能是暂时的,也可能是永久的。

A30.17 折旧/贬值**应该**考虑**资产**的物理和经济寿命:

(a) 物理寿命是指,假设只进行例行维护而不进行任何潜在翻新或重建的情况下,**资产**在报废或无法进行经济维修前能够使用的时长;

(b) 经济寿命是指,**资产**在现状用途下能够产生财务收益或提供非财务收益的预期时长,经济寿命会受到**资产**功能性或经济性贬值程度的影响。

A30.18 除某些类型的经济性或外部贬值外,大多数类型的贬值可以通过比较标的**资产**和预计的复原重置或更新重置成本所依据的假设**资产**进行衡量。然而,当贬值影响**价值**的市场证据能被获取时,该证据**应该**被考虑。

A30.19 实体性贬值能够通过两种不同的方法衡量:

(a) 可修复性实体性贬值,即贬值的维修/恢复**成本**;

(b) 不可修复性实体性贬值,在考虑**资产**的使用年限、预期总寿命和剩余寿命的情况下,对实体性贬值的调整等同于预期总寿命消耗的比例。预期总寿命可以任何合理的形式来表现,包括预期的使用年限、里程、生产单位等。

A30.20 功能性贬值有两种形式:

(a) 超额资本成本,即因设计、建筑材料、技术或制造工艺发生变化,导致能以低于标的**资产**的资本成本获取现时等效**资产**;

（b）超额营运成本，即因设计改进或产能过剩，导致现时等效**资产**的营运成本低于标的**资产**的营运成本。

A30.21 当有外部因素对企业使用的单项**资产**或所有**资产**产生影响时，可能会出现经济性贬值，**应该**在考虑了实体性贬值和功能性贬值后被扣除。对于不动产来说，经济性贬值的例子包括但不限于：

（a）对**资产**产出的产品或服务的需求发生不利变化；

（b）**资产**所在市场的供给过多；

（c）劳动力或原材料供应的中断或损失；

（d）企业使用的**资产**虽然仍能产生市场回报率，但是无力支付**资产**的市场租金；

（e）标的**资产**相关**环境、社会和公司治理**因素发生不利变化。

A30.22 现金或现金等价物不会发生贬值且不需要被调整。

IVS 104 数据和输入

内容	节
引言	10
利用专家或服务机构	20
相关数据的特性	30
输入选取	40
数据和输入档案	50
附录	
环境、社会和公司治理（ESG）考量	A10

IVS 104 数据和输入涉及评估过程中作为输入的数据的选取和使用。评估的目标是尽可能最大限度地利用相关和可观测数据。

10. 引言

10.01 在对各类**资产**和**负债**的**价值**进行评估时，都要使用**数据和输入**。**输入**来源于**数据**，并结合假设和调整，用于量化得出**价值**结论。

10.02 **数据**和**输入应该**基于事实信息（如衡量指标或发布的**价格**），但获得**评估**所采用的**输入**，通常需要一定的推理和分析。

10.03 **评估**应该最大化地利用**可观测数据**。**可观测数据**是指市场参与者易于获得的、用于确定**资产**或**负债价值**的实际事件或交易信息。

10.04 通过**专业判断**和**职业怀疑**，**评估师**对评价和选择作为**评估输入**的**数据**、假设和调整负责。

IVS 104 数据和输入

20. 利用专家或服务机构

20.01 如果**评估师**不具备开展全面**评估**所需的全部必要**数据**，则**评估师**聘用**专家**或**服务机构**是可以接受的。

20.02 在利用**专家**或**服务机构**之前，**评估师****必须**确保其能力可以满足**预期用途**的需求，并且**必须**记录其能力。

30. 相关数据的特性

30.01 **评估师****必须**确定**数据**具有相关性，就"IVS 104 数据和输入"而言，是指**数据**在被评估**资产**和/或**负债**、工作范围、**评估方法**和**评估模型**等方面具有"适用性"。

30.02 为选取用于**评估**的**输入**，**评估师****必须**通过**专业判断**斟酌相关**数据**的特性。相关**数据**的特性如下：

（a）准确性：**数据**没有错误和偏差，反映了其旨在测量的特征；

（b）完整性：**数据**集合足以反映**资产**或**负债**的属性；

（c）及时性：**数据**反映了**评估基准日**的市场状况；

（d）透明性：数据来源可追溯。

30.03 在某些情形下，**数据**可能并不包含上述所有特性。因此，**评估师****必须**基于**专业判断**对**数据**进行评价，并总结**数据**与按照工作范围和**评估方法**对**资产**和/或**负债**进行评估的相关性。

40. 输入选取

40.01 **输入****必须**视被评估**资产**或**负债**、工作范围、**评估方法**和**评估模型**的情况，从相关**数据**中选取。

40.02 **评估师**对**资产**和/或**负债**进行评估时，**必须**基于**专业判断**选取充分适用于**评估模型**的**输入**。

40.03 当对相似的**资产**或**负债**组（groups）及组合（portfolios）进行评估时，**应该**适当地在**资产**组或组合中选取**输入**。

40.04 如果**重要的输入**不足或不能充分论证，那么该**评估**未遵循 IVS。

50. 数据和输入档案

50.01 **重要数据**和**输入**的来源、选取和使用，**必须**进行解释说明、论证和记录归档。

50.02 档案**必须**充分，以便**评估师**能够运用**专业判断**来理解：确定的特定**数据**具有相关性的原因，进而所选择的**输入**被认为是合理的。

50.03 档案的形式和地点可能因工作范围而异。

IVS 104 数据和输入：附录

评估师应该了解与影响评估的环境、社会和公司治理因素相关的法律和框架。

A10. 环境、社会和公司治理（ESG）考量

A10.01 在确定公司、**资产**或**负债**的**价值**时，应该考虑重要 ESG 因素的影响。

A10.02 ESG 因素可能从定性和定量角度影响**评估**，并形成**应该**考虑的风险与机会。

A10.03 环境因素的例子可能包括但不限于以下内容：

(a) 空气污染和水污染；

(b) 生物多样性；

(c) 气候变化（当前和未来的风险）；

(d) 清洁水和卫生设施；

(e) 碳排放和其他气体排放；

(f) 森林砍伐；

(g) 自然灾害；

(h) 资源稀缺或资源效率（如能源、水和原材料）；

(i) 废物管理。

A10.04 社会因素的例子可能包括但不限于以下内容：

(a) 社区关系；

(b) 冲突；

(c) 客户满意度；

(d) 数据保护和隐私；

(e) 人力资本开发（健康和教育）；

(f) 员工敬业度；

(g) 性别平等和种族平等；

(h) 健康、福祉；

(i) 人权；

(j) 工作条件；

(k) 工作环境。

A10.05 公司治理因素的例子可能包括但不限于以下内容：

(a) 审计委员会结构；

(b) 董事会多元化和结构；

(c) 贿赂和腐败；

(d) 公司治理；

(e) 捐款；

(f) **ESG** 报告标准和监管成本；

(g) 高管薪酬；

(h) 机构实力；

(i) 管理层继任计划；

(j) 合伙关系；

(k) 政治游说；

(l) 法治；

(m) 透明度；

(n) 吹哨人制度。

A10.06 在**评估**中**应该**考虑 **ESG** 因素和 **ESG** 监管环境，前提是这些因素是可衡量的，并且**评估师**通过**专业判断**认为其是合理的。

IVS 105 评估模型

| IVS 100 评估框架 | IVS 101 工作范围 | IVS 102 价值类型 | IVS 103 评估途径 | IVS 104 数据和输入 | IVS 105 评估模型 | IVS 106 档案和报告 |

内容	节
引言	10
利用专家或服务机构	20
适用评估模型的特性	30
评估模型的选取和使用	40
评估模型档案	50

IVS 105 评估模型主要描述评估过程中评估模型的选取和使用。任何未经评估师进行专业判断的模型,例如自动评估模型(AVM),都无法产生遵循 IVS 的评估。

10. 引言

10.01 **评估模型**是用于量化实施全部或部分**评估方法**的工具。**评估模型**将**输入**转化为用于发现**价值**的输出,而**评估方法**是一种发现**价值**的特定技术。

10.02 **评估模型**必须适用于**评估**的**预期用途**,并与**输入**匹配。

10.03 **评估模型**可以通过内部开发或从外部**专家**或**服务机构**获取。

10.04 必须对选用的**评估模型**进行测试,以确保输出的准确性与**预期用途**、**价值类型**和被评估的**资产**和/或**负债**相适应。

10.05 在所有情况下,**评估师**在选取、使用**评估模型**及应用**评估模型**使用的**输入**时,必须进行**专业判断**和作出**职业怀疑**。

20. 利用专家或服务机构

20.01　如果**评估师**不拥有开展全面**评估**所需的全部**评估模型**，**评估师**委托**专家**或**服务机构**提供**评估模型**是可以接受的。

20.02　在利用**专家**或**服务机构**之前，**评估师必须**评价和记录其能力。

30. 适用评估模型的特性

30.01　**评估师必须**确定**评估模型**是适用的，就"IVS 105 **评估模型**"而言，指在被评估**资产**或**负债**、工作范围、**评估方法**等方面具有"目的适用"的性质。**评估师必须**进行**专业判断**来斟酌**评估模型**的特性，从而选择最适用的**评估模型**。适用的**评估模型**特性如下：

（a）准确性：**评估模型**没有错误，其运作方式与**评估**的目标一致；

（b）完整性：**评估模型**反映**资产**和/或**负债**的全部特性，从而确定**价值**；

（c）及时性：**评估模型**反映的是**评估基准日**的市场状况；

（d）透明性：所有准备和依赖**评估模型**的人员**必须**了解**评估模型**的运作方式和其固有的局限性。

30.02　在某些情况下，**评估模型**可能并不包含上述所有特性。因此，**评估师必须**根据工作范围和**评估方法**，评价和总结用于评估**资产**和/或**负债**的**评估模型**是适用的。

40. 评估模型的选取和使用

40.01　应该根据**预期用途**、**价值类型**和被评估**资产**和/或**负债**的情况选取**评估模型**。

40.02　为确定**评估模型**适用其**预期用途**，无论是内部开发还是外部获取的**评估模型**，**评估师必须**对**评估模型**进行评价。

40.03　**评估师必须**了解**评估模型**的运作方式。

40.04　**应该**对**评估模型**进行功能性测试，**必须**分析输出的准确性。**应该**识别任何**重大**的限制，以及任何潜在的**重大**调整。

40.05　**应该**对长期使用的**评估模型**进行维护、监测、评价及调整，确保其保持合理、准确、完整。

40.06　如果发现**重大**限制或需要调整的情况，则**必须**对此进行解释、论证，以及记录归档。

40.07　如果**重大**限制或调整不能被充分论证，则该**评估**未遵循 IVS。

50. 评估模型档案

50.01　适用的**评估模型应该**包含以下档案信息：

（a）选取或创建**评估模型**的依据；

（b）**输入**和输出的描述；

（c）**重要的输入**；

（d）限制；

（e）质量控制程序和结果。

50.02　档案**应该**充分描述**评估师**通过**专业判断**选取和考虑**评估模型**的原因。

IVS 106 档案和报告

| IVS 100 评估框架 | IVS 101 工作范围 | IVS 102 价值类型 | IVS 103 评估途径 | IVS 104 数据和输入 | IVS 105 评估模型 | **IVS 106 档案和报告** |

内容	节
引言	10
档案	20
评估报告	30
评估复核报告	40

评估报告和档案是 IVS 的关键和鲜明特征,共同协助建立评估的一致性、专业性、透明性、可比性及公信力,为公共利益服务。

10. 引言

10.01 一项遵循 IVS 的**评估必须**有充分的档案和报告,对**评估途径**、**评估方法**、**输入**、**评估模型**、**专业判断**和得出的**价值**进行描述,并为**预期使用者**提供透明度。

10.02 **评估**或**评估复核**的成果**必须**以书面形式记录归档和报告,可能包括纸质、电子文档或其他形式的记录媒介。

10.03 **评估师**无论是由**客户**雇用或是由**客户**外部聘用,档案和报告的要求均适用。

10.04 在整个**评估**工作中,**必须**保留档案,并且**必须**描述**评估**工作和得出结论的基础。档案的水准**必须**至少满足"IVS 106 档案和报告"的第 20 节中包含的要求。

10.05 报告**必须**采用书面形式提供给**客户**(见本准则 10.02 段)。报告的水准**必须**至少满足本准则第 30 节包含的要求。

IVS 106 档案和报告

20. 档案

20.01 档案是**评估**和**评估复核**的书面记录,可能包含与**客户**的沟通、工作底稿或两者皆有,用于支撑遵循 IVS 和得出结论。

20.02 **必须**保留档案来描述**评估**或**评估复核**,同时**必须**充分描述**评估师**得出的结论。档案**必须**充分,以允许**评估师**运用**专业判断**了解**评估**范围、执行的工作和得出的结论。

20.03 在某些情况下,**评估**报告或**评估复核**报告中包含所有的档案。在其他情况下,根据商定的工作范围,**必须**保留额外的档案。档案**应该**包含但不限于与**客户**的沟通、探索的替代方法、考虑的额外**数据**和**输入**、引发的风险和偏差、所使用的**专业判断**,以及遵循的**评估**质量控制程序。

20.04 在所有情况下,档案**应该**描述**评估**或**评估复核**及**评估师**如何管理**评估风险**。**评估师必须**根据与**预期用途**相关的法律、监管、当局或合同的要求,保留任何已出具**价值**报告的副本,以及在一段时间内进行评估工作的记录。

30. 评估报告

30.01 **评估**报告**必须**充分详细、清晰、有条理地描述得出**价值**结论的基础。

30.02 **评估**报告可以参考其他文件。这些文件可能包含但不限于工作范围、内部政策和程序。

30.03 **评估**报告**应该**包含所有必要信息,从而向**客户**清晰地描述工作范围、工作内容、**专业判断**和得出结论的基础。

30.04 **评估**报告的格式可以是综合的叙述性报告,也可以是简短的摘要报告。

30.05 频繁、重复的连续性**评估**业务可以在商定的工作范围前提下,对现有遵循 IVS 的报告进行更新。

30.06 评估报告**必须**至少传达以下内容：

（a）商定的工作范围；

（b）被评估**资产**和/或**负债**；

（c）**评估师**的身份；

（d）**客户**；

（e）**预期用途**；

（f）**预期使用者**，如果适用；

（g）使用的评估货币；

（h）**评估基准日**；

（i）选用的**价值类型**；

（j）选用的**评估途径**；

（k）采用的**评估方法**或**评估模型**；

（l）**重要数据**的来源和选取及使用的**输入**；

（m）使用和考虑的**重要的环境、社会和公司治理**因素；

（n）**重要**或特殊假设和/或限制条件；

（o）**专家**或**服务机构**的调查结果；

（p）**价值**和**评估**的理论依据；

（q）遵循 IVS 的声明；

（r）报告日期（可能与**评估基准日**不同）。

30.07 在所有情况下，评估报告**必须**充分描述所得出的结论，并被**评估师**通过专业判断认为是合理的。

30.08 如果**评估师**得出某项限制或约束会影响遵循 IVS 的结论，**评估师必须**不能声明报告遵循 IVS。

40. 评估复核报告

40.01 **评估复核**不是**评估**。**评估复核必须**声明该复核是**评估过程复核**，或**价值复核**，或两者皆有：

（a）**评估过程复核**针对遵循 IVS；

IVS 106 档案和报告

（b）**价值复核**针对**价值**的合理性。

40.02 如果**价值复核**提供了一个**价值**，那么就是一项**评估**（见本准则第 30 节）。

40.03 **评估复核**必须至少传达以下内容：

（a）商定的**评估复核**范围；

（b）复核的**资产**和/或**负债**；

（c）**评估复核人**的身份；

（d）**客户**的身份；

（e）**预期用途**；

（f）**预期使用者**（如果适用）；

（g）复核**评估**涉及的**重要**或特殊假设和/或限制条件；

（h）利用**专家**或**服务机构**（如果利用）作为**评估复核**的部分；

（i）采取的程序和复核的档案；

（j）**评估复核人**对复核工作的结论，包括支撑原因；

（k）复核对象；

（l）评估复核报告日期；

（m）适用于复核的 IVS 版本。

40.04 在所有情况下，评估复核报告**必须**充分描述得出的结论，并被**评估师**通过**专业判断**认为是合理的。

资产准则

IVS 200 企业和企业权益

| IVS 200 企业和企业权益 | IVS 210 无形资产 | IVS 220 非金融负债 | IVS 230 存货 | IVS 300 厂房、设备和基础设施 | IVS 400 不动产权益 | IVS 410 开发性不动产 | IVS 500 金融工具 |

内容	节
概述	10
引言	20
价值类型	30
评估途径和方法	40
市场途径	50
收益途径	60
成本途径	70
企业和企业权益的特殊考量	80
所有者权益	90
企业信息	100
经济和行业考量	110
经营性和非经营性资产	120
资本结构考量	130

10. 概述

10.01 基本准则中的各项原则适用于企业和企业权益**评估**，本准则包含了应用于企业和企业权益**评估**的附加要求。

20. 引言

20.01 根据不同**评估**的**预期用途**，企业构成的定义可能不同，但是通常涉及从事商业、工业、服务或投资活动的组织或**资产**和/或**负债**的综合集合。一般来说，一个企业将包括一项以上的**资产**（或单项**资产**和/或**负债**的**价值**依赖于使用额外的**资产**和/或**负债**）共同进行的经济活动，与单项**资产**和/或**负债**独立产生产出的经济活动不同。

20.02 单项**无形资产**或一组**无形资产**可能不构成企业，但如果这些**资产**产生的经济活动有别于单项**资产**本身产生的产出，则仍属于本准则的范围。如果这些**资产**不符合这一标准，**评估师应该**遵循"IVS 210 **无形资产**"或"IVS 220 **非金融负债**"的要求。

20.03 企业的商业、工业、服务或投资活动产生的经济活动**价值**可能大于这些**资产**和/或**负债**单独产生的经济活动（即**价值**）。超出的价值通常被称为商誉。没有商誉并不自动意味该**资产**或**资产**组不构成一个企业。此外，一个企业的大部分**资产**和/或**负债**的**价值**可能存在于一个单一**资产**中。

20.04 企业可以采取多种不同的法律形式，包括但不限于公司、合伙企业、合资企业和独资企业。企业也可以包括实体的子集或特定业务活动，如分部、分支机构或部门。

20.05 企业的权益（如证券）可以采取多种形式。为了确定企业权益的**价值**，**评估师应该**通过应用这些准则确定标的企业的**价值**。在这种情况下，企业权益**应该**在本标准的范围内确定。根据权益的不同性质，某些其他标准也可能适用。

20.06 **评估师必须**确定**评估**的是否为整个实体或企业、股份或实体中的股权，以及是否为控制性权益或非控制性权益，还是实体的一项特定业务活动。

20.07 **评估师必须**明确指出和阐明被评估的企业或企业权益。

这些包括但不限于：

（a）企业价值：通常表述为企业中权益的全部**价值**，加上其债务或债务相关**负债**的**价值**，再减去任何可用于偿付那些**负债**的现金或现金等价物；

（b）投入资本价值：通常表述为不考虑资金来源，当前投入一个企业的资金总额，通常反映为总**资产**减去流动**负债**的**价值**；

（c）经营价值：通常表述为企业运营活动的总体**价值**，扣除任何非经营性**资产**和**负债**的**价值**；

（d）权益价值：通常表述为归属于全部股东权益企业**价值**。

20.08　**评估师必须**明确指出和阐明所评估的权益比例和其对**评估**的相关影响。

20.09　企业的**评估**需要用于多种**预期用途**，包括但不限于收购、兼并、企业出售、税收、诉讼、破产程序及财务报告。企业价值评估可能也需要作为其他**评估**的输入或中间步骤，如股票期权、特定类型股票或债务的**评估**。

30. 价值类型

30.01　根据"IVS 102 **价值类型**"，**评估师**在对企业或企业权益进行评估时，**必须**选择适当的**价值类型**。

30.02　企业价值评估通常采用其他实体/组织定义的、非 IVSC 定义的**价值类型**。这些**价值类型**的部分例子在"IVS 102 **价值类型**"中提及。

30.03　**评估师**有责任了解并遵守与这些**价值类型**有关的在**评估基准日**有效的法律、法规、判例法和/或其他解释性指引。

40. 评估途径和方法

40.01　IVS 103 **评估途径**中描述的三种主要**评估途径**可用于企业和企业权益的**评估**。

40.02 在选择**评估途径**和**评估方法**时，除满足本准则要求外，**评估师必须**遵循"IVS 103 **评估途径**"的要求，包括 10.04 段。

50. 市场途径

50.01 市场途径经常应用于企业和企业权益的**评估**，因为这些**资产**和/或**负债**通常符合"IVS 103 **评估途径**"中 20.02 段或 20.03 段的标准。应用市场途径评估企业和企业权益时，**评估师应该**遵循"IVS 103 **评估途径**"，包括但不限于第 20 节和附录 A10 的要求。

50.02 采用市场途径对企业和企业权益进行评估时，最常作为**输入**使用的三类**数据**来源是：

（a）相似企业所有权权益交易的公开市场；

（b）整体企业或企业控制性权益买卖的收购市场；

（c）标的企业所有权的历史交易或报价。

50.03 市场途径中，对相相似企业的比较和信赖，**必须**有一个合理的基础。这些相似企业**应该**与标的企业属于同一行业，或处于受相同经济因素影响的行业。

在标的企业和可比公司之间判断是否存在可以比较的合理基础，**应该**考虑的因素包括但不限于：

（a）在定性和定量方面的企业特征与标的企业的相似性；

（b）相似企业**数据**的数量和可验证性；

（c）相似企业的交易**价格**是否代表了与适用的**价值类型**一致的交易。

50.04 当使用市场乘数时，"IVS 103 **评估途径**"附录 A10.14 中的调整可能同时适合标的公司和可比公司。

50.05 选择和调整可比交易时，**评估师应该**遵循"IVS 103 **评估途径**"附录 A10.06—A10.08 的要求。

50.06 选择和调整可比上市公司信息时，**评估师应该**遵循

"IVS 103 评估途径"附录 A10.12—A10.14 的要求。

60. 收益途径

60.01　收益途径经常应用于企业和企业权益的**评估**，因为这些**资产**和/或**负债**通常符合"IVS 103 **评估途径**"中 30.02 段或 30.03 段的标准。

60.02　应用收益途径时，**评估师应该**遵循"IVS 103 **评估途径**"第 30 节和附录 A20 的要求。

60.03　企业或企业权益的收入和现金流可在税前和税后通过多种方法计量。使用的资本化率或**折现率必须**与采用的收入或现金流的类型匹配。

60.04　采用的收入或现金流类型**必须**与评估的权益类型一致。此要求的例子包括但不限于：

（a）企业价值：通常用偿债成本前的现金流和适用于企业现金流的适当**折现率**折现得出，如**加权**平均资本成本。

（b）权益价值：通常用偿债成本后的权益现金流和适用于权益现金流的适当**折现率**折现得出，如权益**成本**。

60.05　收益途径需要对以下内容进行估计：

（a）将收入资本化时的资本化率；

（b）现金流折现时的现金流和**折现率**。

60.06　在估算适当的资本化率时，**评估师应该**考虑的因素包括但不限于利率水平、参与者对相似投资的预期回报率，以及预期收益流的固有风险（见"IVS 103 **评估途径**"附录 A20）。

60.07　在使用折现的方法时，预期增长可以在预测收入或现金流中明确考虑。在资本化方法中，预期增长通常在资本化率中反映。

60.08　当预测的现金流以名义金额计量时，**折现率应该**与通胀或通缩引起的未来价格变化的预期一致。当预测的现金流以实际金额计量时，则使用的**折现率**不应该考虑通胀或通缩引起的预期价格变化。

60.09 收益途径中，企业实体的历史财务报表通常被用作估计该企业未来收入或现金流的基础。通过比率分析确定一段时间内的历史趋势，可能有助于为判断企业经营固有风险提供必要的信息。

60.10 当采用历史财务结果作为确认未来收益或现金流的基础时，适当调整可能可以反映实际的历史现金流和在**评估基准日**预期现金流之间的差异。以上调整**应该**与适用的**价值类型**保持一致。

以上调整的例子包括但不限于：

(a) 将收入与费用调整到一个能够合理代表预期持续经营的水平。

(b) 把标的企业和可比企业的财务数据按一致的基础表示。

(c) 将非公平交易（如与客户或供应商的合同）调整到市场水平。

(d) 调整劳动力**成本**或从关联方租赁或以其他方式签订合同的项目**成本**，以反映市场价格或费率。

(e) 从历史收入和费用项目中反映非经常性事件的影响。非经常性事件的例子包括罢工、新工厂启动及天气现象导致的损失。预测的现金流**应该**反映能够合理预期的任何非经常性收入或费用。过去的事件可能预示着未来将会发生相似的事件。

(f) 调整存货的会计处理，从而准确反映经济现实，或使其能与和标的企业具有不同记账基础的相似企业进行比较。

60.11 采用收益途径时，还可能需要调整**评估**，以反映在现金流预测或采用的**折现率**中没有考虑的其他事项。

这类调整的例子包括但不限于对被评估权益的市场流通性进行调整，或对被评估权益在企业中是控制权益还是非控制权益进行调整。

60.12 **评估师**应该确保对**评估**的调整未包含此前在现金流或**折现率**中已经考虑的因素。

例如，预测现金流可能已经反映了被评估的权益是控制权益还是非控制权益。

60.13 许多企业可能被采用单一现金流情景进行评估，但**评估师**也可以应用多种情景或模拟模型，特别是未来现金流的数量和/或时段存在**重大**不确定性时。

70. 成本途径

70.01 成本途径鲜少适用于企业和企业权益的**评估**，因为这些**资产**和/或**负债**很少符合"IVS 103 **评估途径**"中 40.02 段或 40.03 段的标准。

成本途径有时适用于企业价值**评估**，特别是：

（a）企业处于早期阶段或初创企业，不能可靠确认利润和/或现金流，市场途径下与其他企业比较是不可行或不可靠的；

（b）企业是投资性或控股企业，在这种情况下，采用"IVS 103 **评估途径**"附录 A30.08—A30.09 描述的资产加和法；

（c）企业不能持续经营和（或）其**资产**和（或）**负债**在清算中的**价值**可能超过企业的持续经营价值。

70.02 在应用成本途径进行企业或企业权益评估时，**评估师必须**遵循"IVS 103 **评估途径**"中第 40 节和附录 A30 的要求。

80. 企业和企业权益的特殊考量

80.01 以下各节提供了企业价值和企业权益价值**评估**相关议题的不完全清单：

（a）所有者权益（见第 90 节）；

（b）企业信息（见第 100 节）；

（c）经济和行业考量（见第 110 节）；

（d）经营性和非经营性资产（见第120节）；

（e）资本结构考量（见第130节）。

90. 所有者权益

90.01　在**评估**中，需要考虑企业类型（独资企业、法人制企业或合伙制企业）赋予所有权权益附带的权利、特权或条件。所有者权益通常由一个**司法管辖区**下的法律文件来定义，如协会章程、商业备忘录条款、公司章程、合伙约定和股东条约等。这些文件统称为"公司文件"。

90.02　在一些情形下，**评估师**可能需要区分企业权益的法定所有权和受益所有权。

90.03　公司文件中可能包括权益转让的限制条件和/或**价值**相关的规定。例如，公司文件中可能规定，无论是控制性权益还是非控制性权益，都**应该**按照全部发行股本的一定比例来进行估值。在不同情况下，**应该**考虑到被评估权益的各项权利和其他权益类型被赋予的权利。

90.04　**评估师应该**区分标的权益内在的权利和义务，有些可能只适用于特定的股东。例如，现有股东之间的协议可以不适用于一个所有者权益的潜在买方。依据采用的**价值类型**，**评估师**可能需要只考虑标的权益内在的权利和义务，或同时考虑标的权益内在的权利和义务，以及适用于特定的所有者的那些权利和义务。

90.05　**评估**时**应该**考虑和标的企业或企业权益相关的所有权利和优先权利，包括但不限于：

（a）如果存在多个股权类别和/或混合型证券，**评估应该**考虑每个不同类别的权利，包括但不限于：

　　（i）优先清偿；

　　（ii）投票权；

　　（iii）赎回、转换和参与条款；

（ⅳ）看跌和/或看涨权。

（b）当企业的控制性权益可能比非控制性权益有更高的**价值**时，依据采用的不同**评估方法**［见"IVS 103 **评估途径**"附录A10.17（b）］和/或**评估预期用途**，可以考虑适当的控制权溢价或缺乏控制权折价。当评估已完成交易支付的实际溢价时，**评估师应该**分析买方支付溢价带来协同效应和其他因素对于标的**资产**是否达到一种可比较的程度。

100. 企业信息

100.01　企业实体或权益的**评估**经常要求依赖从管理层、管理层代表或其他专家处所获取的信息。

正如"IVS 103 **评估途径**"附录A20.13的要求，**评估师必须评**价从管理层、管理层代表或其他专家处所获取信息的合理性，以及评价依赖这些信息进行**评估**是否合适。

例如，管理层提供的财务预测信息可能反映的是与**评估**要求不一致的特有协同效应。

100.02　虽然给定**评估基准日**的**价值**反映了未来所有权的预期利益，但企业的历史信息可能为设定未来预期提供有用的指导。因此，**评估师应该**把企业历史财务报表分析作为**评估**的**输入**。

如果企业未来预期业绩会与历史情形存在**重大**不同，**评估师必须**理解为何企业的历史业绩不能代表未来的预期。

110. 经济和行业考量

110.01　关注相关经济发展以及特定的行业趋势对于所有**评估**都是至关重要的。这些事项包括但不限于政治展望、政府政策、汇率、通货膨胀、利率和市场活动等事件，可能对不同地方和（或）经济部门的**资产**和（或）**负债**产生截然不同的影响。

这些因素可能对于企业和企业权益的**评估**十分重要，因为企业可能有涉及多个地点和运营模式的复杂结构。

例如，一个企业可能受与以下方面相关的经济和行业特定因素的影响：

（a）企业总部注册地和企业法律形式；

（b）企业运营的性质，以及各项业务的开展地点（即生产制造和研发可能在不同地点进行）；

（c）企业销售产品和/或服务的地点；

（d）企业使用的货币；

（e）企业的供应商所在地；

（f）企业运营时所涉及的税收和**司法管辖区**。

120. 经营性和非经营性资产

120.01 企业所有权权益的**评估**，仅与企业在某一时点的财务状况环境相关。**评估师应该确定**在**评估基准日**哪些资产是企业运营所需的，哪些资产对企业而言是冗余或"过量"的。

120.02 多数**评估方法**不会将企业运营不需要的**资产**和/或**负债**的**价值**包括在内。

例如，采用 EBITDA 乘数**评估**企业，只包含了用于产生该 EBITDA 水平的**资产**的**价值**。如果该企业有非经营性**资产**或**负债**，如闲置的工厂，则该非经营工厂的**价值**就不能计入**价值**。根据评估业务委托的范围（见 120.03 段），非经营性**资产**和/或**负债**的**价值**可能需要单独确定，并与企业经营性资产**价值**相加，从而确定**价值**。

120.03 当单独考虑非经营性**资产**和**负债**时，**评估师应该**确保在**评估**经营性业务时将与非经营性**资产**和/或**负债**相关的收入和费用从现金流的计量和预测中剔除。

例如，如果企业有一笔与资金不足的养老金相关的**重要负债**，且该**负债**单独评估，则企业价值**评估**中采用的现金流**应该**剔除与该**负债**相关的任何"补足"支付。

120.04 企业可能有未记录在资产负债表中的表外**资产**和/或**负债**。该**资产**和/或**负债**可能包括**无形资产**、计提完折旧的机器和设备,以及法律义务/诉讼。**评估师应该**考虑这些**资产**和/或**负债**是否构成经营性资产的一部分,还是非经营性**资产**和/或**负债**。

120.05 如果**评估**包含了公开交易企业的信息,则公开交易股票价格通常隐含了存在的非经营性**资产**和/或**负债**的**价值**。**评估师应该**考虑调整公开交易企业的信息,剔除该部分非经营性**资产**和/或**负债**的**价值**、收入和费用。

130. 资本结构考量

130.01 企业通常通过债务和权益组合的方式融资,**评估师**可能被要求只对权益,或特定类型的权益,或其他形式的所有者权益进行评估。

权益或特定类型的权益有时可以直接评估,但通常是先确定企业整体价值,然后将其在各类债务和权益之间分配**价值**。

130.02 **评估师**可能受托对**资产**中的多种所有者权益进行评估,此类权益包括但不限于:

(a) 债券;

(b) 可转换债券;

(c) 合伙权益;

(d) 非控制性权益;

(e) 普通股权益;

(f) 优先股权益;

(g) 期权;

(h) 认股权证。

130.03 当**评估师**受托只对权益进行评估,或确定企业价值在各类债务和权益中如何分配时,**评估师必须**确定并考虑与各类债务和权益相关的不同权利和优先权。

130.04 权利和优先权大致可归类为经济权益或控制权。此类权利和优先权包括但不限于：

（a） 股息权或优先股息权；

（b） 清算优先权；

（c） 表决权；

（d） 赎回权；

（e） 转换权；

（f） 参与权；

（g） 反稀释权；

（h） 注册权；

（i） 看跌和/或看涨权。

130.05 对于资本结构简单的企业，即仅包括普通股和简单债务结构（如债券、贷款和信用透支），可以通过直接估计债务**价值**，从企业**价值**中减去该**价值**，然后将剩余股权价值按比例分配给所有普通股，从而估计企业内所有普通股的**价值**。

这种方法并不是对所有资本结构简单的企业都适用，例如，可能不适用于经营困难或高杠杆率的企业。

130.06 对于资本结构复杂的企业，即包括普通股以外股权形式，**评估师**可以采用任何合理的方法确定股权或特定类型股权的**价值**。

在这种情况下，通常要先确定企业的企业价值，然后在各类债务和股权之间分配该**价值**。

本节讨论了在这种情况下**评估师**可以采用的三种方法，包括：

（a） 现行价值法（CVM）；

（b） 期权定价法（OPM）；

（c） 概率**加权**期望收益法（PWERM）。

130.07 虽然 CVM 不具有前瞻性，但 OPM 和 PWERM 均是在假设各种未来结果的情况下进行**价值**估算。PWERM 依赖于对未来事件的离散假设，OPM 则使用围绕当前值的对数正态分布来估计未来的结果分布。

130.08 **评估师应该**考虑"交易前"和"交易后"**评估**之间的任何潜在差异，尤其是对于资本结构复杂的早期公司。例如，此类公司注入现金（即"交易后评估"）可能会影响企业的整体风险状况及各类股权之间的相对**价值**分配。

130.09 **评估师应该**考虑标的股权或特定类别股权的近期交易情况，并确保在标的**评估**中使用的假设在必要时得到更新，以反映投资结构的变化和市场状况的变化。

现行价值法

130.10 现行价值法（CVM）是假设企业在立即出售的状态下，将企业价值分配给各类债权和权益证券。根据 CVM，要先对债权人的债务或债务等价证券从企业价值中扣除，以计算剩余股权价值。**评估师应该**考虑企业**价值**是否包括现金，以及由此产生的用于分配目的的总债务或净债务。其次，根据一系列优先股的清算优先权或转换价值（以较高者为准），将**价值**分配到各类优先股。最后，将剩余价值都分配给各类普通股、期权和认股权证。

130.11 CVM 的局限性在于其不具有前瞻性，并且没有考虑多种股权的类期权收益。

130.12 CVM **应该**仅在以下情况下使用：

（a）企业即将发生清偿事件；

（b）企业处于发展初期，没有**显著**创造任何高于优先股清算优先权的普通股价值；

（c）公司经营计划未取得实质性进展；

（d）没有合理依据估计将来可能产生高于清算优先权的任何此类**价值**的金额和时间。

IVS 200 企业和企业权益

130.13　**评估师**不应该在没有确定理由的情况下假设债务或相似债务证券的**价值**与其账面价值相等。

期权定价法

130.14　OPM 通过将各类股权视为企业现金流的期权对不同股权的价值进行评估。OPM 经常被应用于不同类别的股权派息会随着股东全部权益价值不同而发生变化的资本结构中。这些股权等级包括但不限于可转换优先股、管理层激励份额、期权或其他具有清算优先权的股权。

130.15　OPM 可运用于企业价值,从而将所有债务包括在 OPM 中,或在单独考虑债务后以股权为基础进行评估。

130.16　OPM 考虑了股东协议中会影响清算事件发生时各类股权分配各种条款(包括证券、股息政策、转换率和现金分配)的资历级别。

130.17　OPM 的出发点是企业的总股本**价值**,然后应用 OPM 在权益证券之间分配股东全部权益价值。

130.18　OPM(或相关的混合方法)适用于特定的未来清算事件难以预测或企业处于早期发展阶段的情况。

130.19　OPM 通常采用布莱克—舒尔斯(Black – Scholes)期权定价模型,确定高于特定价值阈值分配相关的**价值**。然而,在更复杂的资本结构中,可能有理由使用蒙特卡罗模拟(Monte Carlo simulation)等替代技术。

130.20　当采用 OPM 时,**评估师应该**执行的步骤包括但不限于:

(a) 确定企业的股东全部权益价值;

(b) 识别影响现金分配的相关证券附带的清算优先权、优先应计股息、转换价格和其他特性;

(c) 确定清算优先权和转换价格生效的不同股东全部权益价值点(分界点);

（d）确定 Black – Scholes 模型或其他期权模型的**输入**：

（i）确定 OPM 的合理时间范围；

（ii）选择与时间范围相对应的无风险收益率；

（iii）确定权益的适当波动系数；

（iv）确定预期股息收益率。

（e）计算各种看涨期权的**价值**，并确定分配到分界点之间的每个区间的**价值**；

（f）确定计算的临界点之间的每个区间中每类股份的相关分配；

（g）根据"步骤（f）"确定的分配和"步骤（e）"确定的**价值**，将分界点之间的**价值**（按看涨期权计算）在股份类别中进行分配；

（h）必要时在符合**价值类型**的情况下考虑对股份类别进行额外调整。例如，可适当采用折价或溢价。

130.21 在确定适当的波动性假设时，**评估师应该**考虑：

（a）**资产**的发展阶段和通过可比公司观察到的相关波动性的相关影响；

（b）**资产**的相关财务杠杆。

130.22 除上述方法外，当已知单个证券**价格**时，OPM 还可用于反向求解总股本**价值**。反向求解分析的**输入**与上文相同。然后，**评估师**将通过更改总股本**价值**来求解已知证券的**价格**。反向求解方法还可提供所有其他权益证券的**价值**。

概率加权期望收益法

130.23 在 PWERM 中，根据对企业未来**价值**的分析，假设未来各种结果，估算各类权益证券的**价值**。股权价值是基于预期未来投资回报概率的**加权现值**，考虑**资产**未来可能出现的各种结果以及股份类别的权利和优先权。

IVS 200 企业和企业权益

130.24 通常情况下，当公司即将退出且不打算筹集额外资金时，会采用 PWERM。

130.25 当采用 PWERM 时，**评估师应该**执行的步骤包括但不限于：

（a）确定**资产**未来可能出现的结果；

（b）估计每个结果下**资产**的未来价值；

（c）在每个可能的结果下，将估计的**资产**未来价值分配给每个类别的债务和股权；

（d）使用风险调整后的**折现率**将分配给每一类债务和股权的预期价值贴现到现值；

（e）对每个可能的结果按其各自概率进行**加权**，以估计每一类债务和股权的预期未来概率**加权**现金流；

（f）根据**价值类型**，考虑在必要时对股份类别进行额外调整，例如，采用适当的折价或溢价。

130.26 **评估师应该**校验未来退出价值的概率**加权**现值，以确保企业整体**评估**是合理的。

130.27 **评估师**可以将 OPM 的要素与 PWERM 结合起来，通过使用 OPM 来估计一个或多个概率**加权**情景中的**价值**分摊，从而建立一种混合方法。

75

IVS 210 无形资产

| IVS 200 企业和企业权益 | IVS 210 无形资产 | IVS 220 非金融负债 | IVS 230 存货 | IVS 300 厂房、设备和基础设施 | IVS 400 不动产权益 | IVS 410 开发性不动产 | IVS 500 金融工具 |

内容	节
概述	10
引言	20
价值类型	30
评估途径和方法	40
市场途径	50
收益途径	60
成本途径	70
无形资产的特殊考量	80
无形资产的折现率/回报率	90
无形资产的经济寿命	100
税收摊销收益（TAB）	110

10. 概述

10.01 基本准则包含的原则适用于**无形资产评估**和含**无形资产的资产组**的**评估**。本准则包含适用于**无形资产评估**的附加要求。

20. 引言

20.01 **无形资产**是指，一种能通过其经济属性表现出来的非货币性**资产**。其不具备实物形态，但能赋予所有者权利和/或带来经济利益。

IVS 210 无形资产

20.02 特定的**无形资产**按其所有权、功能、市场定位、形象和法律保护等特征进行定义和描述。这些特征使**无形资产**相互区分。

20.03 **无形资产**有许多类型，但通常属于以下一种或多种类别，或属于商誉：

（a）营销相关类**无形资产**，主要用于产品或服务的营销或推广。例如：商标、商号、独特商业设计和互联网域名等。

（b）客户相关类**无形资产**，包括客户名单、在手订单、客户合同、合同性和非合同性**客户**关系。

（c）艺术相关类**无形资产**，源自从戏剧、书籍、电影和音乐等艺术作品及非合同版权保护中获取收益的权利。

（d）合同相关类**无形资产**，代表契约性协议产生的权利**价值**，例如：许可和版税协议、服务或供应合同、租赁协议、许可证、播放权、劳务合同、雇佣合同、非竞争协议和自然资源权利等。

（e）技术相关类**无形资产**，源自契约性或非契约性使用专利技术、非专利技术、数据库、配方、设计、软件、工艺或处方的权利。

20.04 尽管同一分类中，相似**无形资产**之间具有一些共同特性，但其也会因**无形资产**种类的不同而具有不同的特征。

20.05 另外，特定**无形资产**，如品牌，可能是 20.3 段所列几种类别的组合。

20.06 在**无形资产评估**中，**评估师必须**明确了解评估标的和**评估的预期用途**。例如，客户数据（姓名、地址等）的**价值**通常与客户合同（**评估基准日现有合同**）和客户关系的**价值**（包括现有和未来合同在内的持续客户关系**价值**）截然不同。需要评估的**无形资产**内容和这些**无形资产**的定义可能因**评估**的**预期用途**而异，**无形资产**定义的不同可能导致**价值**的**显著**差异。

国际评估准则

20.07 通常商誉是源于一个企业、一项企业权益或使用一组尚未在其他**资产**中单独辨认的**资产**所形成的未来经济利益。典型的商誉**价值**计量是，从企业**价值**中扣除全部可辨认的**有形资产**、**无形资产**和货币**资产**的**价值**，并将实际或或有**负债**进行调整后的剩余金额。

出于某些**预期用途**，商誉可能需要进一步区分为可转让商誉（即可以转给第三方）和不可转让或"个人"商誉。

20.08 由于商誉的价值依赖于其他**有形资产**和**无形资产**的辨认情况，在不同**预期用途**下，其**价值**可能是不同的。例如，在根据 IFRS 和美国通用会计准则（USGAAP）进行核算的企业合并中，一项**无形资产**只有在满足以下条件时才被辨识：

（a）可分离，即能够从实体分离或分割，并单独或与相关合同、可辨认**资产**或**负债**一同出售、转让、许可、租赁或交换，无论实体是否打算这样做；

（b）源自契约或其他法律权利，无论这些权利是否可以从实体或其他权利和义务中转让或分离。

20.09 尽管根据**评估**的**预期用途**不同，商誉的构成可能有所不同，但商誉通常包括以下要素：

（a）两个或多个企业合并后所产生的特定协同效应（例如：营运成本的减少、规模经济或产品组合效应）；

（b）企业扩张进入不同新市场的机会；

（c）组合劳动力的收益（但通常不包括员工开发的知识产权）；

（d）从未来资产中获得的收益，如新的客户和未来的技术；

（e）资产组合效益和部分持续经营价值。

20.10 **评估**的**预期用途**可能是确定一项或多项单独**无形资产**的价值。然而，当评估企业、企业权益、不动产或机器设备时，**评估师应该**考虑是否存在与这些**资产**相关的**无形资产**，以及这些**无形资产**是否直接或间接影响被评估的**资产**。例如，当采用收益途径评估酒店时，酒店的品牌对**价值**的贡献可能已经体现在酒店产生的利润中。

20.11 **无形资产评估**针对不同的**预期用途**。**评估师**有责任了解一项**评估**的**预期用途**，**评估师**也有责任了解**无形资产**是否**应该**单独评估，还是和其他**资产**合并评估。

需要进行**无形资产评估**的情况包括但不限于：

（a）以财务报告为目的，如企业合并、**资产**购买和出售、减值分析的会计处理；

（b）以税务报告为目的，如转移定价分析、遗产和赠予的税务规划和报告、从价税分析；

（c）诉讼案件，如股东纠纷、损害计算和婚姻关系解除（离婚）；

（d）其他法定或法律事项，如强制购买/征收事项；

（e）综合咨询、抵押贷款、交易支持约定和破产清算。

30. 价值类型

30.01 遵循"IVS 102 **价值类型**"，**评估师必须**在评估**无形资产**时选择适当的**价值类型**。

30.02 **无形资产评估**通常采用的**价值类型**由 IVSC 以外的实体/组织定义（"IVS 102 **价值类型**"中介绍了一些例子）。**评估师必须**了解和遵守与这些**价值类型**有关的，在**评估基准日**有效的法律、法规、判例法和其他解释性指引。

40. 评估途径和方法

40.01 "IVS 103 **评估途径**"中所描述的三种**评估途径**均可用于**无形资产**的评估。

40.02 选择途径和方法时，除本准则要求外，**评估师必须**遵循"IVS 103 **评估途径**"的要求，包括 10.04 段。

50. 市场途径

50.01 在市场途径下，一项**无形资产**的**价值**由参照的市场活动（例如：相同或相似资产的交易情形）决定。

50.02 涉及**无形资产**的交易通常也包括其他**资产**，如包括**无形资产**的企业合并。

50.03 **评估师**在确定是否应用市场途径**评估无形资产**时，**必须**遵循"IVS 103 **评估途径**"中 20.02 段和 20.03 段的要求。

同时，只有以下两项标准同时满足，**评估师才应该**采用市场途径评估**无形资产**：

（a）在**评估基准日**或附近时点，涉及相同或相似**无形资产**的公平交易信息可用；

（b）有充分信息允许**评估师**对标的**无形资产**和交易所涉**无形资产**之间的所有**重大**差异进行调整。

50.04 **无形资产**的异质性和**无形资产**很少与其他**资产**分开交易的事实，限制了涉及相同**资产**交易的市场证据的可获得性。在可以获得市场证据的情况下，这些证据通常由与标的**资产**相似但不完全相同的**资产**组成。

50.05 当**价格**或估值乘数证据可用时，**评估师应该**对证据进行调整，以反映标的**资产**与交易所涉**资产**之间的差异。这些调整反映了标的**无形资产**不同于交易所涉**资产**的特点。该调整可能只在定性而非定量层面上确定。然而，如果需要**重大**定性调整，则可能表明其他途径更适合该项**评估**。

50.06 **无形资产**采用市场途径的例子包括：

（a）广播频段；
（b）互联网域名；
（c）出租车执照（"牌证"）。

50.07 可比交易案例法通常是市场途径中唯一可用于**无形资产**的方法。

IVS 210 无形资产

50.08 在极少数情形下，与标的**无形资产**充分相似的证券可能是公开交易的，可以应用可比上市公司法。例如，与特定产品或技术的性能关联的或有**价值**权利（CVRs）。

60. 收益途径

60.01 在收益途径下，**无形资产**的**价值**是通过参照该项**无形资产**在其经济寿命期间产生的收益、现金流或成本节约的现值确定的。

60.02 **评估师**在确定是否采用收益途径**评估无形资产**时，**必须**遵循"IVS 103 **评估途径**"中 30.02 段和 30.03 段的要求。

60.03 与**无形资产**相关的收益通常包含在产品或服务的支付**价格**中。从其他**有形资产**和**无形资产**相关的收入中分离出与特定**无形资产**相关的收入可能具有挑战性。收益途径下的多数方法是将标的**无形资产**相关的经济收益分离出来。

60.04 收益途径是最常用的**评估无形资产**的方法，经常采用收益途径评估的**无形资产**包括：

（a）技术；
（b）客户相关类无形资产（如在手订单、合同、关系）；
（c）商号/商标/品牌；
（d）经营许可（如特许经营协议、游戏许可证、广播频段）；
（e）非竞争协议。

收益途径方法

60.05 收益途径有许多方法，本准则对以下方法进行详细讨论：

（a）超额收益法；
（b）许可费节省法；
（c）增量收益法或有无对比法；

(d) 绿地法；

(e) 分销商法；

(f) 成本节约法。

超额收益法

60.06　超额收益法是将一项**无形资产**的**价值**估算为归属于标的**无形资产**的现金流的现值，不包括归属于产生现金流所需的其他**资产**（"贡献**资产**"）的现金流部分。该方法经常用于收购方在购买一个企业时需要将总支付**价格**在**有形资产**、可识别**无形资产**和商誉之间进行分配的**评估**。

60.07　贡献**资产**是指与标的**无形资产**一起，用于实现与标的**无形资产**相关的预期现金流的**资产**。对与标的**无形资产**相关的预期现金流无贡献的**资产**不是贡献**资产**。

60.08　超额收益法适用于：

(a) 多期预测现金流（"多期超额收益法"或"MPEEM"）。

(b) 单期预测现金流（"单期超额收益法"）。

(c) 单期预测现金流的资本化（"超额收益资本化法"或"公式法"）。

60.09　通常只有当**无形资产**处于平稳经营状态、具有稳定的增长/衰退比率、固定的利润率和持续的贡献**资产**水平/贡献时，才适用超额收益资本化法或公式法。

60.10　大多数**无形资产**的经济寿命超过一个时期，通常表现为非线性增长/衰退模式，并可能随时间推移要求有不同水平的贡献**资产**。因此，MPEEM是最常用的超额收益法，其最具有灵活性且允许**评估师**明确预测此类**输入**的变化。

60.11　无论采用单期、多期还是资本化方式，**评估师**在应用超额收益法时**应该**执行的步骤包括但不限于以下：

(a) 预测由标的**无形资产**和相关贡献**资产**驱动的未来收益的金

额和时间。

（b）预测从标的**无形资产**和相关贡献**资产**产生收益所需费用的金额和时间。

（c）调整费用，剔除与创造新**无形资产**相关的费用，这些新创造的**无形资产**无须产生预测的收益和费用。超额收益法中的利润率可能比企业整体的利润率要高，因为超额收益法不包括对这些新的**无形资产**的投资。例如：

（i）仅评估现有技术时，不需要考虑与开发新技术相关的研发费用；

（ii）当评估现有客户相关类**无形资产**时，不需要考虑与获取新客户相关的营销费用。

（d）识别并评估实现预测收益和费用所需的贡献**资产**。贡献**资产**通常包括营运资本、固定**资产**、组合劳动力和其他除标的**无形资产**以外的可识别**无形资产**。

（e）基于对每项贡献**资产**相关联风险的评价，确定每项贡献**资产**的适当回报率。例如，像营运资本这样的低风险**资产**通常有相对较低的要求回报。贡献**无形资产**和高度专业化的机器设备通常有相对较高的要求回报。

（f）在每个预测期内，从预测利润中扣除贡献**资产**所需的回报，得出仅归属于标的**无形资产**的超额收益。

（g）确定标的**无形资产**的适当**折现率**，将超额收益折现或资本化。

（h）如果**评估**的**预期用途**适用（见110.01—110.04段），计算并加回标的**无形资产**的税收摊销收益（TAB）。

60.12 贡献资产的贡献（CACs）应该包括所有有助于产生现金流的现有和未来**有形资产**、**无形资产**和金融**资产**。如果某项需要确定CAC的**资产**涉及一个以上的业务范围，其CAC**应该**分配到所涉及的不同业务范围。

60.13 确定商誉要素的 CAC 是否合适，**应该**基于对特定环境和相关事实的评判。如果情况不支持对商誉要素的贡献进行确定，**评估师不应该**机械地对商誉要素的 CAC 进行确定，或进行替代性调整。因为组合劳动力可以量化，通常**应该**是商誉中唯一可以确定 CAC 的要素，所以，**评估师必须**确保有充分依据，确定除组合劳动力以外的任何商誉要素的 CAC。

60.14 CAC 通常在税后计算，作为贡献**资产价值**的公平回报，在某些情形下，贡献**资产**的回报也会被扣除。贡献**资产**的适当回报可以是典型市场参与者对该**资产**要求的投资回报。贡献**资产**的回报是对**资产**初始投资的收回。无论 CAC 是在税前还是税后计算，**价值应该**没有差别。

60.15 如果贡献**资产**不具有消耗性，该**资产**则像营运资本一样，只需要一个公平回报。

60.16 对于采用许可费节省法评估的贡献**无形资产**，无论税前或税后，CAC **应该**等于许可费。

60.17 超额收益法**应该**只适用于给定收入流和收益的单项**无形资产**。超额收益法通常应用于主要的或最**重要**的**无形资产**。例如，在对一家使用技术和商号提供产品或服务的公司的**无形资产**进行评估时（即与技术和商号关联的收益相同），超额收益法**应该**只应用于评估其中一种**无形资产**，其他**资产应该**采用其他替代方法。但是，如果公司拥有多条产品线，每条产品线使用不同的技术并产生不同的收入和利润，超额收益法可以用于对多项不同技术的**评估**。

许可费节省法

60.18 在许可费节省法下，**无形资产**的**价值**通过假设许可使用费**价值**而确定。该假设的许可使用费是与向第三方支付许可费获得**无形资产**相比，拥有该项**资产**而节省的金额。从概念上讲，该方法可以看作一种折现现金流方法,该现金流即**无形资产**的拥有者通过将**无形资产**许可给第三方使用而获得的现金流。

60.19 **评估师**在运用许可费节省法时**应该**执行的步骤包括但不限于:

(a) 对标的**无形资产**寿命期内的财务数据进行预测,最常见的预测基准是收入,因为多数许可费是按收入的百分比支付的。但是,其他基准,如单位许可费,可能在特定**评估**中是适合的。

(b) 确定标的**无形资产**的许可费率,有两种方法可以用来得出假设的许可费率。

(i) 第一种方法是,基于市场上可比或相似交易中的市场许可费率。采用该方法的先决条件是存在常规以公平交易获得的可比**无形资产**;

(ii) 第二种方法是,在公平交易的基础上,假设有意愿的被许可方为使用标的**无形资产**的权利向有意愿的许可方支付的利润分成。

(c) 将选定的许可费率应用于预测,以计算因拥有**无形资产**而节省的许可费支付金额。

(d) 估算标的**资产**的被许可方需要承担的任何额外费用。该费用可能包括某些许可方要求的预付费用。**应该**通过分析确定许可费率,确定费用(如维护、营销和广告)是由许可方还是被许可方承担。"毛许可费率"是认定与被许可**资产**所有权相关的所有责任和费用由许可方负担;"净许可费率"是认定与被许可**资产**相关的部分或全部责任和费用由被许可方负担。根据许可费率是"毛的"或"净的",**评估**时**应该**相应地扣除或不扣除与假定被许可**资产**相关的费用,如维护、营销或广告费用。

(e) 如果假设的**成本**和许可费费用可以进行纳税抵扣,则可以采用适当的相关税率确定与拥有**无形资产**相关的税收节约。然而,在特定**预期目的**下(如转移定价),**评估**通常不考虑税收的影响,因此应该跳过这一步骤。

（f）确定标的**无形资产**的适当**折现率**，对与拥有**无形资产**相关的节省费用进行折现或资本化。

（g）如果**评估**的**预期用途**适用（见 110.01—110.04 段），计算并加回标的**无形资产**的 TAB。

60.20 无论许可费率是以市场交易为基础还是以利润分割方法为基础（或两者皆有），选择时都**应该**考虑标的**无形资产**的特点及其应用环境。对这些特点的考虑形成了在观察到的交易范围内和/或在利润分割中标的**无形资产**可获利范围内选择许可费率的基础。

应该考虑的因素包括但不限于：

（a）竞争环境：**无形资产**的市场规模、现实替代方案的可用性、竞争者数量、进入障碍和转换成本的存在（或不存在）。

（b）标的**无形资产**对所有者的重要性：标的**资产**是否是区别于竞争对手的一个关键因素，是否在所有者的市场营销战略中具有重要性，与其他**有形资产**和**无形资产**相比的相对重要性，以及所有者在创造、维护和改进标的**资产**上花费的金额。

（c）标的**无形资产**的生命周期：标的**资产**的预期经济寿命及标的**无形资产**的贬值风险。

60.21 在选择许可费率时，**评估师**还**应该**考虑以下因素：

（a）在作出许可安排时，参与者愿意支付的许可费率取决于其利润水平和被许可**无形资产**对该利润的相对贡献。例如，消费品的制造商不会以较低的许可费进行商号许可，因为此举会导致生产商销售品牌产品的利润低于销售非品牌产品的利润。

（b）当分析观察到的许可费交易时，**评估师应该**了解转让给被许可方的权利细节和所有限制。例如，许可协议可能包括对被许可**无形资产**使用的**重大限制**。这些限制可能包括但不限于特定的地理范围或特定的产品。**评估师**也**应该**了解许可协议的支付结构。这些特征包括但不限于是否有预付款、里程碑式付款，以及获得或处置许可财产的选择权利。

有无对比法

60.22 有无对比法是指通过比较两种情景下的差异来指示**无形资产**的**价值**：一种情景是配置标的**无形资产**；另一种情景是不配置标的**无形资产**，但其他因素保持不变。

60.23 两种情景的比较可以通过以下两种方式进行：

（a）计算每种情景下的企业**价值**，将企业价值的差额作为标的**无形资产**的**价值**。

（b）计算未来每个期间两种情景下的利润差额，由这些差额的现时**价值**得出标的**无形资产**的**价值**。

60.24 理论上，因**评估师**不仅考虑两种情景对实体利润的影响，而且考虑了两种情景下的其他因素，如营运资本需求和资本支出的差异，故两种方式**应该**得出相似的**无形资产价值**。

60.25 有无对比法经常用于非竞争协议的**评估**，但在特定环境下也可适用于其他**无形资产**的**评估**。

60.26 **评估师**应用有无对比法时**应该**执行的步骤包括但不限于：

（a）假设使用包括标的**无形资产**在内的企业**资产**，形成企业的收入、费用、资本性支出和营运资本需求的预测，得出"有"情景的现金流。

（b）使用适当的**折现率**计算"有"情景下未来现金流的现值和/或计算"有"情景下的企业**价值**。

（c）假设使用不包括标的**无形资产**的企业**资产**，形成企业的收入、费用、资本性支出和营运资本需求的预测，得出"无"情景的现金流。

（d）使用适当的**折现率**计算"无"情景下未来现金流的现值和/

计算"无"情景下的企业**价值**。

（e）用"有"情景下的现金流现值或企业**价值**减去"无"情景下的现金流现值或企业**价值**。

（f）如果**评估**的**预期用途**适用（见 110.01—110.04 段），计算并加回标的**无形资产**的税收摊销收益（TAB）。

60.27 作为一个附加步骤，可能需要对两种情景之间的差额进行概率**加权**。例如，当对非竞争协议进行评估时，即使该协议未生效，受该协议约束的个人或企业也可能会选择不参与竞争。

60.28 两种情景下的**价值**差异**应该**单独反映在现金流预测上，而不是在两种情景下使用不同的**折现率**。

绿地法

60.29 绿地法假设标的**无形资产**在**评估基准日**是企业的唯一**资产**，通过预测未来现金流来确定标的**无形资产**的**价值**。所有其他**有形资产**和**无形资产必须**通过购买、建造或租赁取得。

60.30 绿地法在概念上相似于超额收益法。不同于从现金流中扣除贡献**资产**分摊费用以反映贡献**资产**的贡献，绿地法假设标的**资产**的所有者必须通过建造、购买或租赁取得贡献**资产**。当建造或购买贡献**资产**时，使用的是具有同等效用替代资产的更新重置**成本**，而非复原重置**成本**。

60.31 绿地法经常用于估计"授权的"**无形资产**的**价值**，如特许经营协议和广播频段。

60.32 **评估师**应用绿地法时**应该**执行的步骤包括但不限于：

（a）假设标的**无形资产**是标的企业在**评估基准日**拥有的唯一**资产**，形成企业的收入、费用、资本性支出和营运资本需求的预测，预测包括"过渡"到稳定水平需要的时间。

（b）估计运营标的企业需要购买、建造或租赁所有其他**资产**所需的时间和支出金额。

（c）对企业采用适当的**折现率**计算未来现金流的现值，以确定仅拥有标的**无形资产**情形下的企业**价值**。

（d）如果**评估**的**预期用途**适用（见本准则第110节），计算并加回标的**无形资产**的TAB。

分销商法

60.33 分销商法有时称为分解法，是多期超额收益法的一种变形，有时被用于评估客户相关类**无形资产**。分销商法的基本理论是，由各种功能组成的企业预期会产生与每种功能相关的利润。由于分销商通常只执行将产品分销给客户的功能，而不是开发知识产权或进行生产制造，分销商获得的利润率信息被用于估计归属于客户相关类**无形资产**的超额收益。

60.34 当另一项**无形资产**（如技术或品牌）被认为是主要的或最**重要**的**无形资产**，并且采用多期超额收益法评估时，分销商法适合评估客户相关类**无形资产**。

60.35 **评估师**运用分销商法**应该**执行的步骤包括但不限于：

（a）形成与现有客户关系相关的收入预测，该预测**应该**反映现有客户带来的收入预期增长及现有客户流失的影响。

（b）识别与标的企业拥有相似客户关系的可比分销商，并计算可比分销商的利润率。

（c）将分销商的利润率应用于预测收入。

（d）识别为实现预测收入和费用所需要的与分销功能相关的贡献**资产**。通常分销商的贡献**资产**包括营运资本、固定**资产**和劳动力。分销商很少需要如商标或技术等其他**资产**。所需贡献**资产**的水平**应该**和只执行分销功能的参与者的水平一致。

（e）基于对每项贡献**资产**的风险评价，确定每项贡献**资产**的适当回报率。

（f）在每个预测期内，从预测的分销商利润中扣减贡献**资产**的要求回报，以得出仅归属于标的**无形资产**的超额收益。

（g）为标的**无形资产**确定适当的**折现率**，并对超额收益进行折现。

（h）如果**评估**的**预期用途**适用（见本准则第110节），计算并加回标的**无形资产**的TAB。

70. 成本途径

70.01 成本途径下，**无形资产**的**价值**基于一项相似**资产**或能够提供相似服务潜能或效用**资产**的（更新）重置成本确定。

70.02 当确定是否采用成本途径**评估无形资产**时，**评估师**必须遵循"IVS 103 **评估途径**"中40.02段和40.03段的要求。

70.03 成本途径通常用于以下**无形资产**：

（a）购买的第三方软件；

（b）内部开发和内部使用的，非出售的软件；

（c）组合劳动力。

70.04 没有其他满意途径可以利用时，**应该**采用成本途径。然而，当标的**资产**不满足"IVS 103 **评估途径**"中40.02段和40.03段的要求时，**评估师应该**在应用成本途径前，尝试识别可采用的其他替代方法。

70.05 成本途径下有两种主要方法：更新重置成本和复原重置成本。然而，许多**无形资产**不具有可被复制的实物形态，如软件等可复制**资产**的**价值**通常来源于软件的功能/效用，而非确定的代码。因此，在**评估无形资产**时通常采用更新重置成本法。

70.06 更新重置成本法假设参与者为**资产**支付的金额将不会高于为更新一项相似效用或功能的替代**资产**的**成本**。

70.07 当采用更新重置成本法时，**评估师应该**考虑以下因素：

（a）更新**资产**效用的直接和间接成本，包括人工、材料和管理费用；

（b）标的**无形资产**是否存在贬值。即使**无形资产**不会出现实体性贬值，也可能存在经济性贬值。

（c）将利润加成列入**成本**是否适当。从第三方购买**资产**所支付的对价，大概会反映其创建**资产**相关的**成本**以及某种形式的利润，以提供投资回报。因此，在假设交易的**价值类型**下（见"IVS 102 **价值类型**"），将假定利润加成列入**成本**可能是合适的。正如"IVS 103 **评估途径**"中的解释，基于第三方估计得出的**成本**中已经体现了利润加成。

（d）机会成本也可能包含在内。机会成本是在创建标的**无形资产**期间，与不拥有标的**无形资产**相关的**成本**。

80. 无形资产的特殊考量

80.01 以下各节提供了一个与**无形资产评估**相关议题的不完全清单：

（a）**无形资产的折现率/回报率**（见第 90 节）；

（b）**无形资产的经济寿命**（见第 100 节）；

（c）税收摊销收益（见第 110 节）。

90. 无形资产的折现率/回报率

90.01 由于**无形资产折现率**的可观察市场证据极少，为**无形资产**选择**折现率**可能具有挑战性。为**无形资产**选择**折现率**通常需要**重大专业判断**。

90.02 为**无形资产**选择**折现率**时，**评估师应该**评价标的**无形资产**的相关风险，并考虑以可观察到的**折现率**作为比较基准。

90.03 当评价一项**无形资产**相关风险时，**评估师应该**考虑以下因素：

（a）**无形资产**的风险通常高于**有形资产**的风险。

（b）如果一项**无形资产**的现状用途是高度专门化的，其风险可能比具有多种潜在用途的**资产**风险高。

（c）单项**无形资产**的风险可能比一组**资产**（或企业）的风险高。

（d）用于高风险（有时称为非常规）功能的**无形资产**可能比用于低风险或常规活动的**无形资产**风险高。例如，用于研发活动的**无形资产**可能比用于提供现有产品或服务的**无形资产**风险高。

（e）**资产**的寿命。与投资项目相似，在其他条件相同时，寿命长的**无形资产**通常被认为风险更高。

（f）具有更稳定可估算现金流的**无形资产**（如在手订单），可能比相似的、现金流较难估算的**无形资产**（如客户关系）的风险更低。

90.04 **折现率**基准是建立在可观察的市场证据或交易基础上的可观察到的比率。以下是**评估师**应该考虑的一些基准比率：

（a）到期日与标的**无形资产**寿命相似的无风险报酬率；

（b）到期日与标的**无形资产**寿命期有相似的债务**成本**或借款利率；

（c）标的**无形资产**参与者或拥有/使用标的**无形资产**的公司的权益**成本**、权益报酬率或回报率；

（d）标的**无形资产**参与者或拥有/使用标的**无形资产**的公司的加权平均资本成本（WACC）；

（e）在近期涉及包含标的**无形资产**的企业并购中，**应该**考虑该交易的内部收益率（IRR）；

（f）在涉及企业全部**资产**的**评估**中，**评估师应该**进行加权平均资产回报率（WARA）的分析，以确认**折现率**选择的合理性。

100. 无形资产的经济寿命

100.01 **评估无形资产**需要考虑的一个重要因素是该**资产**的经济寿命，特别是在收益途径下。在法律、技术、功能或经济因素的限制下，其寿命可能是有限的。其他**资产**的寿命也可能是无限的。

评估中的**无形资产**的经济寿命与会计或税务目的下的剩余使用寿命是不同的概念。

100.02 评价经济寿命时，**必须**单独和统筹考虑法律、技术、功能和经济因素。

100.03 在估计一项**无形资产**的经济寿命时，**评估师**还应该考虑其使用模式或可能替代的模式。当一种新的、更好的或更便宜的替代产品出现时，某些**无形资产**可能被突然替代，其他的则可能只随时间推移被逐步替代。

100.04 对于客户相关类**无形资产**，客户流失均是估计经济寿命和相关现金流的关键因素。应用在**无形资产评估**中的客户流失情形，是对未来客户流失预期的量化。这是一种前瞻性估计，但通常是基于对流失情形的历史观察。

100.05 用来计量和应用历史流失情形的几种方式：

（a）如果客户流失似乎与客户关系的存在年期无关，可以在客户关系存在年期内采用固定的流失率（如上年余额的百分比）计量。

（b）如果客户流失取决于客户关系的存在年期，可以在客户关系存续年期内采用变动的流失率计量。

（c）根据客户群体的特征，可以适当基于收入或客户数量/客户人数计量客户流失。

（d）可能需要将客户划分为不同的组别。可根据包括但不限于地理位置、客户规模、购买的产品或服务类型等因素对客户进行划分。

（e）计量流失的期间可能因情况而异。对于期间的选择**应该**反映**无形资产**使用情况的特征。

100.06 计算包括流失在内的收入，**应该**反映整个测量期间流失的预期情况。

100.07 以收入为基础的流失计量可能包含现有客户的收入增

长。在可能的情况下，将增长和流失分开计量和应用是有帮助的。

100.08 在可能的情况下，以下做法对**评估师**是有帮助的：将历史收入输入所使用的模型，检验其对来自现有客户后续年期内实际收入的预测的接近程度。如果流失情形被适当计量和应用，模型应该具备合理的准确性。例如，如果根据 20×0 年至 20×5 年观察到的历史流失情形对未来流失进行估计，**评估师应该**将 20×0 年的客户收入输入模型，检验模型是否准确预测了 20×1 年、20×2 年等年份的已有客户收入。

110. 税收摊销收益（TAB）

110.01 在许多税收**司法管辖区**，**无形资产**和某些情况下的商誉可以针对税务目的进行摊销。根据**评估**的**预期用途**和使用的**评估方法**，将 TAB 的**价值**列入**无形资产**和/或商誉的**价值**可能是适当的。

110.02 如果通过市场途径或成本途径评估**无形资产**，创造或购买**资产**支付的价格可能已经反映了该**资产**的摊销能力。然而，在收益途径中，如果适用，需要明确计算并考虑 TAB。

110.03 对于某些**评估**的**预期用途**，如以财务报告为目的评估中，适用的**价值类型**是假设对标的**无形资产**进行销售。通常对于这些**预期用途**，使用收益途径时**应该**将 TAB 列入，因为典型的参与者能够摊销在假设交易中获得的**无形资产**，无论假设交易是应税的还是非应税的。对于其他**评估**的**预期用途**，假设交易的标的可能是企业或资产组。同样对于那些以财务报告为目的评估中的**价值类型**，如果交易导致**无形资产**和/或商誉的税基上升，则考虑列入 TAB 可能是合适的。

110.04 在计算 TAB 时，**评估师**可以选择采用以下**折现率**之一：

（a）适合使用标的**资产**企业的**折现率**，如加权平均资本成本（WACC）。这种观点认为，由于摊销可以用于抵销企业收入产生的

IVS 210 无形资产

税收，**应该**采用适用于企业整体的**折现率**。

（b）适合标的**资产**的**折现率**（即用于**评估资产**的）。这种观点认为，**评估师不应该**假设标的**资产**的所有者拥有独立于标的资产的业务和收入，因此计算 TAB 时使用的**折现率**应该与**评估**标的**资产**时使用的折现率相同。

IVS 220 非金融负债

| IVS 200 企业和企业权益 | IVS 210 无形资产 | **IVS 220 非金融负债** | IVS 230 存货 | IVS 300 厂房、设备和基础设施 | IVS 400 不动产权益 | IVS 410 开发性不动产 | IVS 500 金融工具 |

内容	节
概述	10
引言	20
价值类型	30
评估途径和方法	40
市场途径	50
收益途径	60
成本途径	70
非金融负债的特殊考量	80
非金融负债的折现率	90
预计现金流及风险边际	100
转让限制	110
税	120

10. 概述

10.01 基本准则中包含的原则适用于非金融**负债**的**评估**和含有非金融**负债**成分的**评估**。本准则包含适用于非金融**负债评估**的附加要求。

10.02 关于**折现率**和**风险边际**的确定，在"IVS 103 **评估途径**"（附录 A20.29—A20.40）与"IVS 220 **非金融负债**"内容存在冲突的情况下，**评估师必须**采用本准则第 90 节和第 100 节中的原则对非金融**负债**进行**评估**。

20. 引言

20.01 在"IVS 220 **非金融负债**"中，非金融**负债**被定义为需要以非现金方式履行提供货物或服务义务的**负债**。

20.02 可能部分或全部需要以非现金方式履行并受"IVS 220 **非金融负债**"约束的**负债**包括但不限于：

（a）递延收入或合同负债；
（b）担保；
（c）环境负债；
（d）资产弃置义务；
（e）某些或有对价义务；
（f）忠诚计划；
（g）某些诉讼准备金和或有事项；
（h）某些赔偿和担保。

20.03 虽然某些或有对价义务的负债可能需要通过非现金途径履行偿付义务，但此类**负债**不包括在"IVS 220 **非金融负债**"的范围内。

20.04 承担非金融**负债**的一方通常要求在履约工作中获得利润，以补偿为交付货物或服务所付出的工作和承担的风险。

20.05 对于金融**负债**，现金履约通常是唯一的履约义务，履约工作无须额外补偿。鉴于现金履约是金融**负债**的唯一履约义务，资产负债的对称性经常使**评估师**能够使用资产框架评估标的**负债**。

20.06 非金融**负债**通常不存在资产负债对称性，因为需要提供货物和服务履行**负债**义务，并对这种工作给予额外补偿。因此，非金融**负债**通常会使用负债框架进行评估，该框架不要求另一方确认或评估相应的**资产**。

20.07 在交易对方确认相应**资产**的情况下,**评估师必须**在与**价值类型**一致的情形下评价**价值**是否可以反映资产负债的对称性。在某些情况下,IVSC 以外的实体/组织发布的某些**价值类型**,要求对相应**资产**进行具体考虑和核对。**评估师必须**了解并遵守与这些**价值类型**有关的在**评估基准日**有效的法律、法规、判例法和其他解释性指引(见"IVS 200 **企业和企业权益**"30.02 段)。

评估师应该对相应**资产**价值进行校验的情况很少见,原因包括但不限于:

(a) 非金融**负债**通常没有被交易对方确认为入账的相应**资产**(例如,环境负债),或只能与其他**资产**一起转让(例如,汽车和相关保修只能一起转让)。

(b) 非金融**负债**的相应**资产**可由许多当事方持有,要识别和校验资产价值是不切实际的。

(c) 非金融**资产**和**负债**的市场往往流动性极差,从而导致信息不对称、买卖价差过高和资产负债不对称。

20.08 最经常交易标的非金融**负债**的参与者,可能不是持有标的非金融**负债**的实体可比公司或竞争对手,例如保险公司、第三方担保发行商等。**评估师应该**考虑持有标的非金融**负债**实体所在行业之外是否存在市场或市场参与者。

20.09 非金融**负债评估**可用于多种**预期用途**。**评估师**有责任了解**评估**的**预期用途**。**评估师**有责任了解非金融**负债应该**单独评估,还是与其他**资产**合并评估。

含有非金融**负债评估**成分的情形包括但不限于:

(a) 以财务报告为目的,在企业合并、**资产**收购和出售以及减值分析的会计处理中,通常需要对非金融**负债**进行**评估**。

(b) 以税务报告为目的,转移定价分析、遗产和赠予的税务规划和报告,以及从价税分析,通常需要进行非金融**负债评估**。

(c) 非金融**负债**可能成为诉讼标的,在某些情况下需要进行评估分析。

（d）作为综合咨询、抵押贷款和交易支持约定的一部分，对非金融**负债**进行**评估**。

30. 价值类型

30.01 根据"IVS 102 **价值类型**"，**评估师**在评估非金融**负债**时**必须**选择适当的**价值类型**。

30.02 非金融**负债评估**通常采用 IVSC 以外的实体/组织定义的**价值类型**（其中一些例子已在"IVS 102 **价值类型**"中提到）。**评估师必须**了解并遵守与这些**价值类型**有关的在**评估基准日**有效的法律、法规、判例法和其他解释性指引（见"IVS 200 **企业和企业权益**"30.02 段）。

40. 评估途径和方法

40.01 "IVS 103 **评估途径**"中描述的三种**评估途径**（市场途径、收益途径和成本途径）的要素都可以应用于非金融**负债**的**评估**。本准则第 50—70 节描述的方法可能包含不止一种途径的要素。如果**评估师**有必要将一种方法归入三种途径中的一种，则**评估师**在作出决定时**应该**进行判断，而不必依赖下文的分类。

40.02 在选择途径和方法时，除本准则要求外，**评估师必须**遵循"IVS 103 **评估途径**"的要求，包括 10.04 段。

50. 市场途径

50.01 在市场途径中，非金融**负债**的**价值**通过参照市场活动（例如，涉及相同或相似非金融**负债**的交易）进行确定。

50.02 常见涉及非金融**负债**的交易还包括其他**资产**，例如包括**有形资产**和**无形资产**的企业合并。

50.03 虽然非金融**负债**的独立交易并不常见，但**评估师应该**

考虑基于市场的相关**价值**指标。尽管此类基于市场的指标可能无法提供使用市场途径所需的足够信息，但在采用其他方法时**应该**最大限度地使用基于市场的**输入**。

50.04 **价值**的市场指标包括但不限于：

（a）第三方提供的与标的非金融**负债**（如递延收入）相同或相似产品的定价；

（b）第三方为相同或相似义务发布的保修政策的定价；

（c）参与者就特定忠诚奖励义务公布的规定货币兑换金额；

（d）与标的非金融**负债**（如或有对价）相似的或有价值权（CVRs）的交易价格；

（e）投资于非金融**负债**（如诉讼融资）的投资基金的观察回报率。

50.05 **评估师**在决定是否采用市场途径**评估**非金融**负债**时，**必须**遵守"IVS 103 评估途径"中 20.02 段和 20.03 段的要求。

50.06 许多非金融**负债**性质不同，并且非金融**负债**很少与其他**资产**分开交易，这意味着可能很难找到涉及相似非金融**负债**交易的市场证据。

50.07 如果有市场价格证据，**评估师应该**考虑对这些价格进行调整，以反映标的非金融**负债**与交易中涉及的非金融**负债**之间的差异。这些调整对于反映标的非金融**负债**与交易中涉及的非金融**负债**的差异特征是必要的。

这种调整可能只在定性而非定量层面上确定。然而，如果需要进行**重大**的定性调整，则可能表明采用另一种途径进行**评估**更加合适。

50.08 在某些情况下，**评估师**可能依赖与标的非金融**负债**相对应的**资产**的市场价格或证据。在这种情况下，**评估师应该**考虑实体转让标的非金融**负债**的能力、该**资产**和该**资产**相关价格是否反映了那些相同的限制，以及是否**应该**包括反映限制的调整。**评估应该**

谨慎确定转让限制是标的非金融**负债**的特征（如非流动性市场）还是实体的特征。

50.09 可比交易案例法，也称指引交易法，通常是唯一可应用于评估非金融**负债**的市场途径的方法。

50.10 一个与标的非金融**负债**足够相似的证券极少可以公开交易，从而允许使用上市公司比较法。此类证券的例子之一是与特定产品或技术的性能相关的或有价值权。

市场途径方法

50.11 在市场途径下评估非金融**负债**的方法通常被称为自上而下法。

自上而下法

50.12 根据自上而下法，对非金融**负债**进行评估的前提是，履行义务具有可靠的基于市场的定价指标。

50.13 履行交付与非金融**负债**相关的货物或服务义务的参与者，理论上可以通过从服务市场价格中扣除已承担的履行义务的**成本**，再加上这些**成本**的加成对**负债**进行定价。

50.14 当市场信息用于确定标的非金融**负债**的**价值**时，通常没有必要折现，因为折现的影响已包含在观察到的市场价格中。

50.15 **评估师**在应用自上而下法时**应该**执行的步骤包括但不限于：

（a）确定非现金履约的市场价格。

（b）确定转让方已发生的**成本**和使用的**资产**。该**成本**的性质因非金融**负债**而异。例如，对于递延收入，**成本**主要包括在产生非金融**负债**时已经发生的销售和营销成本。

（c）确定已发生**成本**的合理利润率。

（d）从市场价格中减去已发生的**成本**和利润。

60. 收益途径

60.01 在收益途径下，非金融**负债**的**价值**通常是参照履行债务**成本**的现值加上承担**负债**所需的利润率进行确定。

60.02 **评估师**在决定是否采用收益途径**评估**非金融**负债**时，**必须**遵守"IVS 103 **评估途径**"中 30.02 段和 30.03 段的要求。

收益途径方法

60.03 在收益途径下，评估非金融**负债**的主要方法通常被称为自下而上法。

自下而上法

60.04 根据自下而上法，非金融**负债**是以履行偿付债务义务所需的**成本**，加上这些**成本**的合理加成，折为现值来计量。这些**成本**可能包括也可能不包括某些间接费用。

60.05 **评估师**在应用自下而上法时**应该**执行的步骤包括但不限于：

（a）确定履行偿付债务义务所需的**成本**。此类**成本**包括履行偿付债务义务的直接**成本**，但也可能包括间接**成本**，如使用贡献**资产**的费用。履行成本是指与履行产生非金融**负债**的偿付义务相关的**成本**。在收购日期之前发生的作为销售活动的一部分的**成本应该**从履约完成工作中扣除。

（i）当贡献**资产**需要履行义务且相关成本未以其他方式计入损益表时，**应该**将贡献**资产**的贡献计入履行成本。

（ii）在有限的情况下，除直接和间接**成本**外，还可能包括机会成本。例如，在标识类知识产权许可中，履行义务的直接和间接成本可能是名义上的。但是，如果该义务降低了将标的**资产**货币化的能力（如在独家许可授权中），则**评估师应该**

考虑参与者将如何解释与非金融**负债**相关的潜在机会成本。

（b）确定履约完成工作的合理加成。在大多数情况下，将假定利润率计入某些**成本**可能是适当的，该利润率可以表示为目标利润，既可以是一次性总价，也可以是**成本**或**价值**回报的百分比。

（i）初始起点可能是利用持有标的非金融**负债**标的实体的营业利润。

（ii）然而，该方法假设利润率与发生的**成本**成比例。

（iii）在许多情况下，有理由假设利润率与成本不成比例。在这种情况下，完成工作所承担的风险、附加的**价值**或贡献的无形资产与先前测算日测算的并不一样。

（iv）当**成本**来自第三方供应商或承包商的实际价格、报价或估算价格时，这些**成本**将已经包括第三方的预期利润水平。

（v）在进行这一步时，**评估师**不应该重复计算已包括在成本计算或贡献资产费用中的利润或加价。

（c）确定履行时间并折为现值。**折现率**应该考虑货币时间价值和违约风险。通常情况下，最好通过现金流而不是**折现率**来反映不确定性的影响，例如预期履行成本和履行利润的变化。

（d）当履约**成本**是通过收入的百分比得出时，**评估师应该**考虑履约成本是否已经隐含了折现的影响。例如，与在整个合同期内付款相比，对服务的预付费用可能包含折现。因此，衍生**成本**已经被折现，可能没有必要进一步折现。

70. 成本途径

70.01 由于参与者通常期望从履约完成工作中获得回报，成本途径对非金融**负债**的应用有限。

70.02 当决定是否采用成本途径对非金融**负债**进行**评估**时，**评估师必须**遵循"IVS 103 **评估途径**"中 40.02 段和 40.03 段的要求。

80. 非金融负债的特殊考量

80.01 以下各节提供了非金融**负债**评估相关议题的不完全清单：

(a) 非金融**负债**的**折现率**（见第 90 节）；

(b) 预计现金流及风险边际（见第 100 节）；

(c) 转让限制（见第 110 节）；

(d) 税（见第 120 节）。

90. 非金融负债的折现率

90.01 收益途径的一个基本依据是投资者期望从其投资中获得回报，并且该回报**应该**反映投资中的风险水平。

90.02 **折现率应该**考虑货币的时间价值和违约风险。违约风险通常是交易对方的运营风险（即有义务履行**负债**的实体的信用风险）［见本准则 60.05（c）段］。

90.03 IVSC 以外的实体/组织发布的某些**价值类型**可能要求**折现率**专门考虑特定**负债**的风险。**评估师必须**了解并遵守与这些**价值类型**有关的在**评估基准日**有效的法律、法规、判例法和其他解释性指引（见"IVS 200 **企业和企业权益**"的 30.02 段）。

90.04 **评估师**在确定货币的时间价值和违约风险的适当**输入**时，**应该**考虑标的非金融**负债**的条款。

90.05 在某些情况下，**评估师**可以为违约风险对现金流进行显性调整。

90.06 对承担义务一方施加的条款，可能有助于量化违约风险。

90.07 鉴于某些非金融**负债**具有长期性，**评估师应该**考虑通货膨胀是否已纳入预测现金流，并**必须**确保**折现率**和现金流预测的编制基础一致。

IVS 220 非金融负债

100. 预计现金流及风险边际

100.01 "IVS 103 评估途径"中包含的原则可能不适用于非金融**负债**的**评估**和含有非金融负债成分的**评估**（见"IVS 103 **评估途径**"附录 A20.12—A20.19）。**评估师必须**在非金融**负债**的**评估**中应用本准则第 90 节和第 100 节中的原则。

100.02 非金融**负债**现金流预测通常涉及对未来可能出现的多种现金流情景进行建模，以得出概率**加权**的预期现金流预测。这种方法通常被称为基于场景的方法（SBM）。SBM 还包括某些模拟技术，例如蒙特卡罗模拟。SBM 通常用于未来付款未在合同中明确而是根据未来事件而变化的情形。当非金融**负债**的现金流是系统性风险因素的函数时，**评估师应该**考虑 SBM 的适用性，并可能需要利用基于期权定价模型（OPM）的其他方法。

100.03 预测现金流时要考虑的因素包含制定和纳入明确的假设。此类假设包括但不限于：

（a）第三方在完成履约义务必要的任务时产生的**成本**；

（b）第三方在确定转让**价格**时可能包含的其他金额，例如，通货膨胀导致的费用、间接费用、设备费用、利润率和科技进步导致的费用；

（c）第三方的**成本**金额或其**成本**发生的时间在不同未来情景下的变化程度，以及这些情景发生的相对概率；

（d）第三方因承担义务固有的不确定因素和不可预见的情况而要求和可能期望获得的**价格**。

100.04 虽然预期现金流（即未来可能现金流的概率**加权**平均值）包含了**资产**现金流的可变预期结果，但其并未考虑参与者因承受现金流的不确定性而要求的补偿。对于非金融**负债**，预测风险可能包括不确定性，如预期履行成本和履约保证金的变化。承担此类风险的补偿**应该**通过现金流风险边际或**折现率**计入预期收益。

国际评估准则

100.05 鉴于**折现率**与**价值**之间的反比关系，**应该**降低**折现率**，以反映预测风险的影响。承担风险的补偿**应该**与现金流金额和时间的不确定性相当。

100.06 可以通过改变**折现率**来解释预测风险。然而，鉴于其实际应用有限，**评估师必须**：

（a）解释降低**折现率**而非纳入风险边际的理由；

（b）特别注明要求通过**折现率**而不是风险边际对非金融**负债**预测风险进行会计处理的法律、法规、案例法或其他解释性指引（见"IVS 200 **企业和企业权益**"的 30.02 段）。

100.07 在估算风险边际时，**评估师必须**：

（a）记录用于估算风险边际的方法，包括其使用依据；

（b）为风险边际的计算提供依据，包括**重要输入**的识别及其推导或来源的依据。

100.08 在估算现金流风险边际时，**评估师必须**考虑：

（a）非金融**负债**的寿命（期限）和/或到期日，以及**输入**的一致性；

（b）非金融**负债**的地理位置和/或其交易市场的位置；

（c）预测现金流的货币单位；

（d）预测中包含的现金流类型，例如，现金流预测可能表示期望现金流（即概率**加权**情景）或最可能的现金流或合同现金流等。

100.09 在估算现金流风险边际时，**评估师应该**考虑：

（a）预期履约成本和履约保证金的确定性越低，风险保证金**应该**就越高；

（b）许多企业和资产的**评估**是无限期的，但大多数非金融**负债**的期限是有限的，其新的经历在某种程度上降低了不确定性，风险边际也**应该**随之降低，反之亦然；

（c）结果的预期分布，以及某些非金融**负债**具有高"尾部风险"或高危性的可能性。分布范围广、严重程度高的非金融**负债**应

IVS 220 非金融负债

该具有较高的风险边际；

（d）清算时非金融**负债**和/或相关**资产**的各自权利和优先权。

100.10 现金流风险边际**应该**是一方在履行有许多可能结果的**负债**与产生固定现金流出的**负债**之间保持平衡时所要求的补偿。

100.11 在预测现金流和风险边际时，**评估师应该**考虑所有可合理获得的信息。

110. 转让限制

110.01 非金融**负债**往往具有转让的限制。这种限制可以是合同性质导致的，也可以是非金融**负债**的市场流动性不足导致的。

110.02 在依赖市场证据时，**评估师应该**考虑实体转让此类非金融**负债**的能力，以及是否**应该**包括反映这些限制的调整。**评估师**可能需要确定转让限制是非金融**负债**的特征，还是实体特征的限制，因为某些**价值类型**可能会指定考虑其中一种或另一种（见"IVS 220 非金融负债"50.09 段）。

110.03 当使用收益途径时，通过履约途径对非金融**负债价值**进行估计，**评估师应该**确定愿意接手该**负债**的一方是否需要额外的风险边际来考虑转让限制。

120. 税

120.01 **评估师应该**使用税前现金流和税前**折现率**对非金融**负债**进行**评估**。

120.02 在某些情况下，使用税后现金流和税后**折现率**进行分析可能是合适的。在这种情况下，**评估师必须**解释使用税后输入的理由，或特别注明要求使用税后输入的法律、法规、判例法或其他解释性指引（见"IVS 200 企业和企业权益"30.02 段）。

120.03 如果使用税后输入，则可能需要包括与非金融**负债**相关的预计现金流出所产生的税收优惠。

IVS 230 存货

内容	节
概述	10
引言	20
价值类型	30
评估途径和方法	40
市场途径	50
收益途径	60
成本途径	70
存货的特殊考量	80
增值过程的确认和无形资产的回报	90
与其他获得资产的关系	100
存货减值准备	110
记账单位	120

10. 概述

10.01 基本准则中包含的原则适用于存货的**评估**和含有存货成分的**评估**。本准则包含对存货**评估**的额外要求。

20. 引言

20.01 存货广义上包括将用于未来生产过程的货物(即原材

料、零件、耗材）、生产过程中使用的货物（即在制品）和待售货物（即成品）。

20.02 本准则侧重非不动产的实物存货**评估**。

20.03 存货的账面价值只包括历史**成本**，生产过程中获得的利润，即反映制造过程中使用**资产**（包括营运资本、财产、厂房、设备及**无形资产**）的回报，并未被资本化为账面价值。因此，存货的**市场价值**通常与存货的账面价值不同，而且通常高于账面价值。

20.04 由于存货很少在中间阶段进行交易（如在产品），也可能不会经常出售给第三方进行销售（如通过分销商网络销售的成品），存货的**评估**技术和考量因素经常与其他资产的**评估**不同。

20.05 存货**评估**有多种**预期用途**。**评估师**有责任了解**评估**的**预期用途**。**评估师**还有责任了解存货是否**应该**单独评估，还是与其他**资产**合并评估。

20.06 需要对存货进行**评估**的情形，包括但不限于：

（a）以财务报告为目的，如企业合并、资产购买和出售、减值分析的会计处理；

（b）以税务报告为目的，如转移定价分析、遗产和赠与的税务规划和报告、从价税分析；

（c）诉讼案件，如股东纠纷、损害计算和婚姻关系解除（离婚）；

（d）综合咨询、抵押贷款、交易支持约定和破产清算的一部分。

30. 价值类型

30.01 依据"IVS 102 **价值类型**"，**评估师**在对存货进行评估时**必须**选择适当的**价值类型**。

30.02 存货**评估**通常采用 IVSC 以外的实体/组织定义的**价值类型**（其中一些例子在"IVS 102 **价值类型**"中提到）。**评估师必须**

了解并遵守与这些**价值类型**有关的在**评估基准日**有效的法律、法规、判例法和其他解释性指引。

40. 评估途径和方法

40.01 "IVS 103 **评估途径**"中描述的三种**评估途径**可用于存货的**评估**。本准则描述的方法同时包括成本途径、市场途径和收益途径的要素。如果要求将一种方法归入三种途径中的一种，**评估师**在作出决定时**应该**进行判断，而不必依赖以下第 50—70 节的分类。

40.02 在选择途径和方法时，除本准则要求外，**评估师必须**遵循"IVS 103 **评估途径**"的要求，包括 10.04 段。

50. 市场途径

50.01 市场途径，即参考涉及相同或相似商品的市场活动，在存货评估中的直接应用范围较窄。这种应用通常包括：

（a）商品化产品的存货；

（b）在生产过程的一个中间阶段存在市场的存货。对于非商品化产品或在中间生产阶段存在市场的产品，**必须**调整其销售价格，以考虑处置工作和相关利润。

50.02 虽然市场途径在大多数情形下并不直接适用，但**评估师应该**考虑基于市场的指标来确定销售价格，作为其他方法的**输入**。

50.03 其他可观察到的市场可以提供关于归属于**资产**生产和处置的回报参考信息，这些信息也可以被用于其他方法的**输入**。此类回报通常被认为不包括归属于知识产权的回报。例如：

（a）如果确定了适当的可比公司的基础，分销商处置过程回报的利润率是一个有意义的市场参考。

（b）受托制造商（在可获得范围内）通过制造过程获得的利润率可以提供参考。

50.04 **评估师**在决定是否采用市场途径对存货进行**评估**时，**必须遵守**"IVS 103 **评估途径**"中 20.02 段和 20.03 段的要求。此外，只有在同时满足以下两个条件的情况下，**评估师才应该**采用市场途径对存货进行评估：

（a）在**评估基准日**或附近时点，涉及相同或相似存货的公平交易的信息可用；

（b）有充分的信息允许**评估师**对标的存货与交易中涉及存货之间的所有**重大**差异进行调整。

50.05 如果有市场价格的证据，**评估师应该**调整标的存货与交易中涉及存货之间的差异。这种调整可能在定性而非定量层面进行确定。然而，需要进行**重大**定性调整可能表明采用另一种途径进行**评估**更加合适（见"IVS 103 **评估途径**"第 10 节）。

60. 收益途径

60.01 采用收益途径对存货进行**评估**，需要将**评估基准日**前贡献的利润（价值）与**评估基准日**后预期贡献的利润（价值）进行分配。

60.02 **评估师**在决定是否采用收益途径**评估**存货时，**必须遵守**"IVS 103 **评估途径**"中 30.02 段和 30.03 段的要求。

自上而下法

60.03 自上而下法是一种剩余法，从估计销售价格开始，扣除剩余**成本**和估计利润。

60.04 自上而下法试图将基准日之前完成的工作和相关**价值**与基准日之后将要完成的工作分开。

60.05 **评估师**在采用自上而下法**评估**存货时**应该**执行的一系列步骤包括但不限于：

（a）估计销售价格；

国际评估准则

（i）当信息可获取时，**评估师应该**依靠直接观测的销售价格。

（ii）然而，此类数据往往无法获得，通常通过在产品层面或总体层面对成品的净账面价值应用适当的毛利率对售价进行估计。

（iii）通常使用存货将被出售期间的预计毛利率。

(b) 估计完工**成本**（仅针对在制品）：

（i）完工**成本应该**包括在**评估基准日**之后为使在制品存货达到完工状态而直接或间接产生的所有支出。

（ii）**应该**调整完工**成本**以剔除使未来期间受益的费用。

(c) 减去处置**成本**：

（i）处置**成本**是指在**评估基准日**之后为了将成品交付给最终客户而发生的**成本**。

（ii）为剔除使未来期间受益的费用，**应该**对处置**成本**进行调整。

（iii）处置**成本**一般包括销售和营销费用，而采购和制造费用通常已经发生在产成品存货上。

（iv）为了准确地确定处置**成本**，**应该**将存货周期中的每项支出（包括间接费用）归为两类，一类是已经发生的费用，因此对成品存货的**价值**有贡献；另一类是在处置过程中尚待发生的费用。

(d) 扣除完成生产（只针对在制品）和处理过程的预留利润：

（i）出发点可以是利用企业的营业利润。

（ii）然而，这种方法假设存货的利润率与将发生的**成本**成正比。

（iii）在大多数情况下，有理由假定利润率与**成本**不成比例（见第90节）。

(e) 考虑所有必要的持有成本：

（i）持有成本可能需要估计与出售库存所需时间相关的机会成本。

（ii）此外，**评估师**在确定所需的回报率时，**应该**考虑在持有期间产生的风险。

（iii）风险可能是库存生命周期长度和与终端客户的合同安排的函数（例如，制造商承担完成和处置**成本**波动的风险）。

（iv）如果存货周转率高和/或借款利率低，持有成本可能无关紧要。

60.06 在确定完工**成本**、处置**成本**和预留利润时，**评估师应该**确定并排除旨在提供未来经济效益而非产生当期收入所需要的各项费用。

未来受益费用的例子可以包括：与新产品相关的研究和开发（R&D）费用，新产品的营销费用，为增加劳动力规模而进行的招聘费用，向新领域扩张的费用，用于未来研究的研发设施折旧费用，或重组成本。

60.07 内部开发的**无形资产应该**以以下方式之一建模：

（a）假设其是授权取得，取得授权许可的**成本**包括在生产或处置的**成本**中；

（b）在确定适当的预留利润时，视其为功能性分摊的一部分。

60.08 在利用自上而下法时，**评估师应该**考虑是否有足够的**数据**来适当地应用必要步骤。如果没有足够的**数据**，可能更适合采用其他方法或技术。

60.09 对存货的**评估**采用自上而下法与自下而上法时**应该**得到相同的结果。**评估师**可以使用自下而上法（见60.10段）来证实自上而下法得出的**价值**。

自下而上法

60.10 **评估师**在采用自下而上法**评估**存货时**应该**执行的一系

列步骤包括但不限于：

（a）确定标的存货的账面价值。账面价值可能需要根据多种考量进行调整（见本准则 70.04 段和第 110 段）。

（b）加上任何已经发生的购买和持有**成本**。

（c）加上已发生的完工**成本**。此类**成本**通常包括采购和制造费用。

（d）在已发生的总**成本**中加上利润。

　　（i）首先可能是利用公司的营业利润作为**输入**。然而，这种方法假设利润率与发生的**成本**成正比。

　　（ii）在大多数情况下，假定利润率与**成本**不成比例是合理的（见第 90 节）。

60.11　在确定已经发生的**成本**时，**评估师**应该考虑内部开发的、对完成工作有贡献的**无形资产**。

70. 成本途径

70.01　重置**成本**法是原材料存货**评估**的主要方法。

70.02　**评估师**在决定是否采用**成本**途径对存货进行**评估**时，**必须遵循**"IVS 103 **评估途径**"中 40.02 段和 40.03 段的要求。

现行更新重置成本法（CRCM）

70.03　如果批发或零售业务中的存货（例如，原材料存货）可以随时更换，现行更新重置成本法（CRCM）可以很好地体现**市场价值**。

70.04　原材料和其他存货的**市场价值**可能与在**评估基准日**的净账面价值相似。**应该考虑的调整包括但不限于：

（a）账面价值可能需要以先进先出法为基础进行调整。

（b）如果原材料**价格**波动和/或库存周转缓慢，账面价值可能需要根据市场价格的变化进行调整。

（c）原材料的账面价值也可能因产品过时和有缺陷而减少。

（d）账面价值也可能因"缩水"而减少。"缩水"是指盗窃、损坏、误计、计量单位不正确、蒸发等原因造成的会计记录中所列库存与实际库存之间的差异。

（e）账面价值可能需要增加，以弥补与原材料准备有关的各项**成本**（例如，采购、储存和处理）。

80. 存货的特殊考量

80.01 以下各节提供了一个与存货**评估**相关议题的不完全清单：

（a）增值过程的确认和**无形资产**的回报（见第 90 节）；

（b）与其他获得**资产**的关系；

（c）存货减值准备（见第 110 节）；

（d）记账单位（见第 120 节）。

90. 增值过程的确认和无形资产的回报

90.01 存货的**评估**涉及在基准日前后获取的利润之间的分配。在实务中，获取的利润可能与费用不成正比。在大多数情况下，基准日前承担的风险、增加的价值或对存货中归属于无形资产的贡献与基准日后不同。

90.02 **评估师不应该**简单地按照处置和制造成本的比例分配利润。这种假设可能会错误地分配利润，因为其预设了企业的生产过程是根据成本发生的比例获取利润。

（a）对于制造商来说，如果材料**成本**是初始支出且不需要付出**重大**努力，这种方法是不合适的。

（b）这样的假设也未能辨识内部产生的、相关成本极低的**无形资产**的贡献。

90.03 **评估师应该**区分增值成本和非增值成本。销货成本

（COGS）中的材料成本可能不是增值成本，因为其对存货的利润没有任何贡献。

90.04 对于拥有内部开发的**无形资产**且能够提高盈利水平的企业，**无形资产**的回报和收益均应计入企业的总利润。然而，无论**无形资产**是自有的还是许可的，存货的**市场价值应该**相同。

90.05 **评估师应该**确定技术、商标和客户关系对制造和分销过程的支持程度，以及回报是否适用于整个收入基础。如果**无形资产**已被用来创造存货（例如，制造过程的无形资产），则存货的**价值**将会增加；相反，如果预计该**无形资产**将在未来使用，则在处置时，存货的**价值**将会减少。

90.06 对于营销相关类**无形资产**，判断该**无形资产**是否具有存货的属性可能比较困难。为了帮助确定该事项，**评估师**可以考虑市场参与者如何采用"推动"或"拉动"的模式将存货营销给其客户。

（a）"推动"模式需要**重大的**库存处置工作，对营销类**无形资产**的依赖性较低；

（b）"拉动"模式依赖强大的品牌发展和认可度来吸引客户购买产品。

90.07 评价贡献**无形资产**时的其他考量包括但不限于：营销支出金额、产品是否通过分销商销售、客户关系流失水平，以及与**无形资产**相关的任何法律权利。

90.08 在某些情况下，无形资产可能由有助于价值创造各方面的多个要素组成，例如一项由技术和商号组成的药品**无形资产**。这需要估计与每个**无形资产**要素相关的整体利润**应该**如何分配到制造存货和处理存货。

90.09 同样，虽然一项**无形资产**可能只对制造或处置有贡献，但也有可能一部分**无形资产**在基准日前具有贡献，一部分无形资产在基准日后具有贡献。

90.10 例如，在评价产成品的标识类知识产权（IP）的贡献时，尽管产品承载了与标识类知识产权相关的商标，但销售品牌产品的相关权利可能不会随着库存的转移而转让。因此，在处置成本中考虑这些权利可能是适当的。

100. 与其他获得资产的关系

100.01 **评估师应该**在存货**评估**所采用的假设与其他**资产**和/或**负债评估**所采用的假设之间保持适当的一致性。

110. 存货减值准备

110.01 **评估师应该**考虑存货减值准备。存货减值准备**应该**应用于适用的存货，而不是与整个存货余额相抵。

110.02 通常情况下，按存货减值准备调整的过时存货不会被评估，因为其已被调整为其可变现净值。然而，如果存货的**市场价值**低于可变现净值，**评估师**可能需要考虑进一步调减。

120. 记账单位

120.01 为了进行存货评估，通常可以假定存货是一组同质的**资产**。然而，利润率、风险和**无形资产**贡献可能因产品或产品组而异。

120.02 如果利润率、风险和**无形资产**的贡献因产品或产品组而异，且被评估存货的相对组合与用于制定**评估**假设的销售组合不匹配，则**评估师应该**分别评估不同的存货组。

IVS 300 厂房、设备和基础设施

内容	节
概述	10
引言	20
评估框架	30
工作范围	40
价值类型	50
评估途径	60
市场途径	70
收益途径	80
成本途径	90
数据和输入	100
评估模型	110
档案和报告	120
厂房和设备的特殊考量	130

10. 概述

10.01 基本准则的原则适用于厂房、设备和基础设施（PEI）的**评估**。本准则包括关于基本准则如何应用于适用本准则的**评估**的调整、附加要求或具体示例。PEI 的**评估**也**必须**遵循相应类型**资产**和/或**负债**的适用准则（见"IVS 400 **不动产权益**"及"IVS 410 开发性不动产"，如适用）。

20. 引言

20.01 PEI 的相关资产（有时可归类为动产的一种）通常是实体持有的**有形资产**，预期在一段时间内用于制造/生产或提供产品或服务，对外租赁或用于管理目的。PEI 也可能包括基础设施资产，这些资产通常是专用系统、网络或辅助性**资产**组的一部分。在适用的情况下，与基础设施相关的**评估**也应该考虑"IVS 400 **不动产权益**"及"IVS 410 **开发性不动产**"。

20.02 机器和设备的使用权（如租赁产生的权利）也需要遵循本准则的指引。**必须**指出的是，**资产**"使用权"的寿命期限可能与该**资产**自身的服务/使用寿命（同时考虑预防性和预见性维护情形）不同，在这种情形下，**必须**明确说明两者的差异。

20.03 基于最高最佳用途前提，资产组合中的**资产**单独价值可能会比其作为资产组一部分时的价值更高，反之亦然。作为**资产**组组成部分的 PEI，如果其最高最佳用途是"在用"，则**必须**基于一致的假设进行评估。

20.04 无形资产通常不属于 PEI **资产**的分类范围。然而，**无形资产**可能会对 PEI 资产的价值产生影响。操作软件、技术数据、生产记录和专利都是可以对 PEI **资产**价值产生影响的**无形资产**的例子。如果为了**评估** PEI 资产而需要对可分离的或嵌入的**无形资产**进行**评估**，则这些无形资产也**应该**包含在**评估**中。

20.05 PEI **评估**通常需要考虑与**资产**自身情况、所处环境，以及其实体性、功能性和经济性的潜能等相关的一系列因素。以下列举了部分在上述因素中可能会被考虑的内容：

（a）**资产**自身相关因素：

（i）**资产**的技术指标；

（ii）剩余的使用、经济或有效寿命，同时考虑预防性和预见性维护情形；

（iii）**资产**的状况，包括维修历史和历史资本性支出；

（iv）任何功能性、实体性和经济性贬值；

（v）如果**资产**不是在当前使用地点进行评估，其拆卸或搬迁的**成本**，以及与**资产**部署至合适位置相关的任何成本，如为达到**资产**最佳使用状态而产生的安装费和重新校验费；

（vi）对租赁使用的**资产**，其租约的续订权和其他租赁结束的可能安排（经常称为终值）；

（vii）辅助性**资产**的潜在损失，如**资产**的使用期限可能因其所在建筑物的租赁时间而缩短；

（viii）与附加设备、运输、安装和校验等相关的附加**成本**；

（ix）对于历史成本无法获取的**资产**（由于在建设施工过程中将其作为厂房设备的一部分进行建造），**评估师**可参考工程、采购和/或建造合同（如有）。

(b) 环境或外部相关因素：

（i）产品原材料的来源地及由该**资产**或**资产**组生产的产品市场所在地。地理位置的适宜性也可能是有时间限制的，如原材料有限或需求短暂。

（ii）任何法律或外部相关因素带来的影响，包括对 PEI 的使用限制，或对 PEI 施加额外的运行或拆卸成本，或减少对**资产**或**资产**组生产的产品需求。

（iii）**必须**以专业方式储存或处理固态、液态或气态化工有毒废料，这对所有工业生产至关重要。

（iv）某些**司法管辖区**可能限制某些**资产**的经营许可，或经营许可可能有时间限制。

(c) 经济相关因素：

（i）**资产**真实或潜在的盈利能力，可能通过对比**资产**所在企业的运营成本与收益或潜在收益得出（见"IVS 200 **企业和企业权益**"）；

(ii) 对**资产**制造产品的需求，包括可能影响需求的宏观和微观经济因素；

(iii) **资产**用于比现状用途更有价值的用途的潜力（即最高最佳用途）。

20.06 厂房和设备的**评估应该**反映所有类型贬值对**价值**的影响。

30. 评估框架

30.01 根据"IVS 100 评估框架"，**评估师必须**遵循**评估师**原则（见"IVS 100 评估框架"第10节）。

40. 工作范围

40.01 为遵循 IVS 101 **工作范围**第 20 节中确定被评估的**资产**和/或**负债**的要求，在影响**价值**的程度上，**必须**考虑标的**资产**与其他**资产**的附属或组合情况。例如：

（a）**资产**可能永久地附着于土地并不可能被移除，除非对该项**资产**或其周围构筑物或建筑物进行大规模拆除；

（b）单个机器可能是一条集成生产线的一部分，其功能依赖于其他**资产**；

（c）一项**资产**可能考虑被归类为不动产的组成部分［例如，供暖设备、通风设备和空调系统（HVAC）］。

在这些情形下，有必要明确界定**评估**中包括或不包括的部分。还**必须**说明与所有辅助性**资产**可用性相关的任何特殊假设。

40.02 与一座建筑物的供应或提供服务有关的 PEI 通常集成在建筑物内，且这些 PEI 一旦被安装，通常很难与建筑物分离。这些 PEI 项目通常构成不动产权益的一部分。因此在适用的情形下，还**必须**考虑"IVS 400 **不动产权益**"和"IVS 410 **开发性不动产**"中的要求。示例包括具备为建筑物供电、供气、供热、制冷或通风换气等主要功能的**资产**，以及电梯等设备。如果**评估**目的要求对这些项目进行单独估算，则**必须**在工作范围中作出如下说明：这些PEI项目的**价值**通常会包含在不动产权益中，并且可能无法单独变现。

40.03　由于许多PEI项目存在着种类多样性和可移动性，通常需要对**资产**评估时所处的状态和环境作出附加假设。为遵循"IVS 101 **工作范围**"中20.01（k）段的要求，**必须**考虑到这些假设并将其纳入工作范围。不同情形下可能适用的假设举例如下：

（a）假设**资产**是作为资产组合、在原地使用且作为运营中企业一部分的情形下进行评估；

（b）假设**资产**是作为资产组合、在原地使用且在企业尚未投产的情形下进行评估；

（c）假设**资产**是作为资产组合、在原地使用且在企业停止经营的情形下进行评估；

（d）假设**资产**是作为资产组合、在原地使用且在企业处于强制出售状态（见"IVS 102 **价值类型**"附录A120）的情形下进行评估；

（e）假设**资产**是在作为单独项目的情形下进行评估，以从目前使用地点移走。

40.04　在一些情形下，可能需要在报告中作出多组系列假设，例如，为展示企业关闭或经营中止对**资产价值**的影响。

40.05　除"IVS 101 **工作范围**"第20节和第30节的要求外，评估业务过程中进行的调查**必须**适合评估业务的**预期用途**和**价值类型**。

40.06　**必须**通过检查、询问、调研、计算或分析等手段开展充分调查并收集足够依据，确保**评估**有合理支撑。在确定调查和依据的必要性时，需要进行**专业判断**，确保其适用于**评估**目的。

40.07　当评估业务依赖**评估师**之外的第三方提供的信息时，

应该分析该信息是否可信，或在该信息不会对**评估**可信性造成不利影响的前提下考虑使用该信息。提供给**评估师**的**重要输入**（如管理层/所有者提供的），应该予以考虑、调查和/或验证。在无法证明所提供信息的可信度或可靠性的情况下，**应该考虑是否或如何使用该信息**［见"IVS 101 **工作范围**" 20.01（j）段］。

40.08　在考虑所获取信息的可信性和可靠性时，**评估师应该**考虑以下因素：

（a）**评估**的**预期用途**；

（b）信息对于评估结论的重要性；

（c）信息来源对标的事项的专业程度；

（d）信息来源对于标的**资产**和/或**评估预期使用者**的独立性［见"IVS 101 **工作范围**"的 20.01（a）段］。

40.09　**评估预期用途**、**价值类型**、调查范围和限制及任何可依赖的信息来源是评估工作范围的部分内容，**必须**在评估业务的所有相关方之间进行沟通（见"IVS 101 **工作范围**"）。

40.10　在评估业务执行过程中，如果明确在工作范围中的调查或限制将不能形成可信的**评估**，或由第三方提供的信息不可用或不充分，或调查过程中（如检查）受到的限制非常大，导致无法得出足以满足**评估**目的的评估结果，则**评估必须**明确说明该**评估**没有遵循 IVS（见"IVS 100 **评估框架**"第 40 节及"IVS 101 **工作范围**" 20.03 段）。

50. 价值类型

50.01　根据 IVS 102 **价值类型**，在对 PEI 进行评估时，**评估师必须**选择适当的**价值类型**。

50.02　使用适当的**价值类型**和相关的价值前提（见"IVS 102 **价值类型**"附录 A90—A120）对 PEI 的**评估**特别重要，因为单项厂房和设备是基于"在用"前提、有序清算或是强制清算（见"IVS

国际评估准则

102 **价值**类型"附录 A60）进行**评估**，得到的**价值**差异非常**显著**。绝大多数 PEI 的**价值**对于不同的价值前提非常敏感。

清算价值

50.03　在确定任何**清算价值**的前提时，**应该**明确该前提是否基于原地（就地）或移除（异地）。与**资产**或**资产**组位置、相关土地占有或租赁期限相关的特征通常会影响原地或移除的考虑。

50.04　无论**资产**或**资产**组是在原地（就地）还是移除（异地）的前提下考虑的，相关前提通常**应该**考虑在此前提下能够最大化实现总金额的情景。根据市场情况，这可以通过零散地出售**资产**来实现，或也可以通过整体出售**资产**来实现。

50.05　**应该**指出的是，对于厂房和设备而言，以移除（异地）或零散的方式出售**资产**可能相当常见。对于基础设施而言，以移除（异地）或零散的方式出售**资产**可能可行，也可能不可行，这取决于**资产**的特性。

50.06　以移除（异地）为前提的观点提出了一种可能性，即一旦**资产**被移除（无论是物理实体上还是经济上），某些**资产**的组成部分（或最初产生的间接**成本**）将无法收回。这些项目可能包括（但不限于）地基、电气和工艺管道、运输成本、安装和调试成本、固定建筑物、安全和防护设备等。

50.07　如果工作范围特别要求确定通过清算销售实现的净额（而不是总金额），则**应该**明确卖方为从总额到净额所可能产生的**成本**的性质和数量。

60. 评估途径

60.01　"IVS 103 **评估途径**"描述的三种主要**评估途径**均可能应用于 PEI **资产**和/或**负债**的**评估**，具体取决于**资产**的性质、可获取的信息和与**评估**相关的实际情形和环境。

70. 市场途径

70.01 对于同类型的厂房和设备，通常采用市场途径，如起重机、建筑设备、机动车辆（小型及重型）和土方设备，因为市场上有足够数量的相似**资产**的近期销售**数据**。但是，还有很多类型的厂房和设备是比较特殊的，如缺乏或不存在可用的市场数据时，使用市场途径进行**评估必须**谨慎，此时采用收益途径或成本途径进行**评估**可能比较合适（见"IVS 103 **评估途径**"20.03 段）。

70.02 当采用市场途径时，市场证据的类型包括（见本准则第 100 节的 100.02 段）：

（a）相同**资产**的实际销售情况；

（b）相似**资产**的实际销售情况；

（c）相同**资产**的要价；

（d）相似**资产**的要价。

70.03 根据所评估的**资产**，可能通过多种方式考虑市场证据，包括：

（a）零散的（即单项**资产**类型）；

（b）生产线（即一组**资产**共同组成一个运营单位）；

（c）整个厂房/设施（即一个每天可生产 X 个产品的生产设施）；

（d）投资组合（即一组跨区域运营的**资产**）。

70.04 在考虑上述类型的市场证据时，**评估师应该**始终将最高最佳用途作为首要考虑因素。尤其是如果将投资组合中的**资产**单独考虑，而不是将其作为组合的一部分，则该**资产**组合的整体**价值**可能会更高，反之亦然。如果出现这种情况，**评估师必须**进行明确说明，并就结论差异提供理由。

70.05 实际销售**必须**优先于要价，且距离**评估基准日**近的依据**应该**优先于距离**评估基准日**远的依据。

70.06 依据的可靠性**应该**根据其来源进行**加权**。根据**评估**中考虑的**资产**类别,依据可以从地方、国家或国际层面进行考虑。

70.07 相同**资产**实际销售的市场途径包括与**资产**相关的所有形式的折旧和贬值,且无需进行调整(尽管此类依据很少)。

70.08 在考虑相似**资产**的实际销售或要价(以及相同**资产**的要价)时,为使依据与标的**资产**一致,可能需要考虑各种调整,可能包括但不限于以下内容:

(a) 技术因素(尺寸、容量、等级、生产单位、规格等);

(b) 折旧和贬值因素(状况、使用强度、年限、维护、检修情况、运营成本);

(c) 市场相关因素(地点、货币、数量、要价及实际售价、环境/许可/合规状况等);

(d) 时间或**价值类型**因素(销售日期与**评估基准日**、市场销售与清算销售、原样/原地安装与拆除等)。

70.09 通过调整使依据与标的**资产**保持一致时,**评估师**可能采取多种方式,包括:

(a) 直接调整(即货币或金额调整);

(b) 间接调整(即按百分比调整依据)。

70.10 活跃透明市场中的依据**应该**始终优先于不活跃不透明市场的依据。同样,为使依据与标的**资产**保持一致而作的调整越少,依据的可比性越高。在任何情况下,**必须**使用**专业判断**来确保所考虑的依据与正在执行**评估**的性质相适应。

80. 收益途径

80.01 当一项**资产**或一组辅助性**资产**的特定现金流能够被识别时,可以采用收益途径对 PEI 进行**评估**,例如,组成加工厂的一组**资产**被用来生产一种适销产品/服务,或可以通过租赁得到收益。

80.02 当通过收益途径评估 PEI 时,通常**应该**排除可能归属于

无形资产或其他贡献**资产**的**价值**因素（见本准则 20.04 段，"IVS 101 工作范围"和"IVS 210 无形资产"）。

80.03 收益途径还可以与其他途径结合使用，用于估计一项**资产**或一组辅助性**资产**的经济性贬值和/或商誉是否存在及金额。使用收益途径时**应该**谨慎，因为将一组辅助性**资产**相关的汇总现金流分摊到单项**资产**（如有必要）可能具有挑战性。

80.04 当采用收益途径评估 PEI 时，**评估必须**考虑**资产**在明确预测期内预期产生的现金流，以及**资产**在明确预测期结束时的**价值**，通常被称为终值（见"IVS 103 评估途径"附录 A20.02—A20.22）。

80.05 根据"IVS 103 **评估途径**"，在以下情形下，如果**价值**的主要驱动因素在很大程度上由其创收能力带来，则可以对一项**资产**或一组辅助性**资产**采用收益途径并予以**重要权重**：

（a）**资产**或一组辅助性**资产**对市场参与者进入壁垒较高；

（b）无论是通过购买还是建造，创建具有同等效用的一项**资产**或一组辅助性**资产**需要花费**重大**时间；

（c）创建具有同等效用的一项**资产**或一组辅助性**资产**存在潜在的法律或监管障碍；

（d）由于具有有利的市场条件和/或更好的现金流确定性，买方愿意为立即使用该**资产**或一组辅助性**资产**支付**重大**溢价；

（e）无论是通过购买还是建造，获得具有同等效用的一项**资产**或一组辅助性**资产**，都存在过度的不便、风险或其他因素。

80.06 此外，一项**资产**或一组辅助性**资产**在以下情况下，也**应该**对收益途径给予**重要权重**：

（a）使用市场途径对**资产**或一组辅助性**资产**进行评估不可行或无法得出结论；

（b）不需要考虑单个组成**资产**的**价值**，而只需要将**资产**或辅助性**资产**组作为一个整体；

（c）该**资产**或一组辅助性**资产**的创收能力由市场价格或通常按市价计价的合同确定；

（d）一项**资产**或一组辅助性**资产**产生的现金流是可分离的，并且与企业的其他部分有明显区别；

（e）所产生收入中其他贡献**资产**内在的**价值**，可通过其他评估方法与该**资产**或一组互补性**资产**分开进行评估。

90. 成本途径

90.01　对于 PEI 的**评估**经常采用**成本**途径，尤其是一些专用或有特殊用途的单项**资产**。第一步是参考复原重置成本和更新重置成本的较低者，估算市场参与者重置标的**资产**的**成本**。重置成本是获得一项同等效用**资产**的**成本**，其可以是提供同等功能的现时等效资产的**成本**，也可以是重新完全复制标的**资产**的**成本**。在得出重置成本后，**应该**对**价值**进行调整，以反映实体性、功能性、技术性和经济性贬值对**价值**的影响。在任何情形下，对任何特定重置成本的调整**应该**从产出和效用角度出发，得出与现时等效**资产**相同的制造**成本**。

90.02　在某些情形下，实体在并购或建造**资产**时发生的实际**成本**可能适合用作**资产**的重置成本。然而，在使用这些历史成本信息前，**评估师应该**考虑以下因素：

（a）历史成本发生的时点：如果实体的实际成本不是因市场价格、通货膨胀/指数化或其他因素发生变化而在近期发生的，则实体的实际**成本**可能无关紧要，或可能需要根据通货膨胀/指数化调整为在**评估基准日**的等效成本。

（b）**价值**类型：当使用特定市场参与者自身的成本或利润率时**必须**谨慎，因为其可能并不反映典型市场参与者可能需要支付的金额。**评估师**还**必须**考虑由于之前并购的会计处理或购买二手 PEI **资产**等的原因，导致实体发生的**成本**不能在实质上反映历史**成本**的可能性。无论如何，**必须**使用适当的指数对历史**成本**进行趋势化分析。

（c）包含的特定**成本**：评估师必须考虑应当包含的所有**重要成本**，以及这些**成本**是否对**资产**的**价值**具有贡献。在一些**价值类型**中，在**成本**中考虑一定数量的利润率可能是恰当的。

（d）非市场的成分：任何不是典型市场参与者产生的或其无法获得的**成本**、折扣或返款**应该**被排除。

90.03 在确定重置成本后，**必须**扣除相应的实体性、功能性、技术性和经济性贬值（见"IVS 103 **评估途径**"附录 A30.15—A30.22）。

成本产能法

90.04 在成本产能法中，具有实际或所需产能的**资产**，其重置成本可以参考具有不同产能的相似**资产**的**成本**确定。

90.05 成本产能法通常用于两种情形之一：

（a）在已知一项或多项具有不同产能**资产**的重置成本时，估算一项或多项具有单一产能**资产**的重置成本（例如，当两项标的**资产**的产能能够被一个**成本**已知的单项**资产**代替时）；

（b）当标的**资产**具有过剩产能，估算产能与可预见需求相匹配的现时等效**资产**的重置成本（如同经济性贬值计算过程中对产能缺失的惩罚性估测）。

90.06 这种方法可作为一种自上而下确定重置成本的主要方法，也可以作为一种自下而上确定重置成本的检查方法。然而，如果在同一地理区域内存在一个刚好具有同样设计产能的可比厂房，那么可比估算总是优先于成本产能法。

90.07 要注意，**成本**和产能的关系往往不是线性的，所以也可能需要某种形式的指数调整。然而，当使用与标的**资产**相关的产能差异较大的依据时，**评估师**在执行此调整时**应该**谨慎行事，因为这可能产生不可信的结果。

趋势法

90.08　趋势法是一种通过将指数（趋势因子）应用于**资产**的历史**成本**对**资产**的重置成本进行估算的方法，该指数反映了随时间推移**资产**价格的上涨/下调。

90.09　历史**成本**包括首位所有者首次将资产投入使用时获得**资产**所涉及的支出。这与原始**成本**不同，原始**成本**是财产当前所有者获得财产时的实际**成本**，该所有者可能不是首位所有者，并且其可能以高于或低于历史**成本**的**价格**购买**资产**。

90.10　指数可以从统计部门或相似的政府部门、机构或研究组织获得。使用趋势法时，选择最合适的指数至关重要。

90.11　在使用成本途径时，虽然采用趋势法（通常称为间接法，涉及指数的应用）可以是确定重置成本的适当方法，但**应该**注意以下事项：

（a）除先前确定的直接重置成本或历史成本（**资产**由其首位所有者首次投入使用时的**成本**）外，趋势法不**应该**应用于任何其他方面；

（b）历史**成本**代表一系列可能与某个指数没有关联的直接和间接**成本**（即设备、劳动力、交付、电力、地基、建筑物、IT 等）；

（c）由于随着时间的推移存在各种影响指数的因素，采用趋势法对较长时期的历史**成本**进行分析，可能会产生错误和异常的结果；

（d）由于在不同**司法管辖区**有各种影响指数的因素，对标的**资产**使用在不同**司法管辖区**得出的指数/趋势可能会产生错误和异常结果；

（e）对于来自**外国司法管辖区**的**资产**，使用本地的指数/趋势对其历史**成本**采用趋势法进行分析，应注意汇率会随着时间推移发生变化。

IVS 300 厂房、设备和基础设施

90.12 在所有情况下，考虑到正在执行的**评估**工作的实质，需要通过**专业判断**，确保采用成本途径中的趋势法确定重置成本是合适的。如果可能导致错误或异常的**评估**结果，则**必须**采用替代途径确定重置成本（如采用直接方法估计重置成本）。

100. 数据和输入

100.01 根据"IVS 104 **数据和输入**"，**评估师必须**尽可能最大限度地利用相关和**可观测数据**的特征。

100.02 除"IVS 104 **数据和输入**"中包含的要求外，PEI 评估的可比依据**应该**遵循以下优先等级：

（a）直接可比依据；

（b）间接可比依据；

（c）一般市场数据；

（d）其他来源。

100.03 在应用可比证据的优先等级时，**评估师必须**确保充分应用"IVS 104 **数据和输入**"中包含的适用**数据和输入**的特征。

100.04 选取的**输入必须**与用于评估**资产**的模型一致（见"IVS 104 **数据和输入**"40.01 段）。

100.05 **必须**对**输入**的选取、来源和使用，进行解释、论证和记录。

100.06 与**资产价值**相关的**重要** ESG 因素**应该**作为**数据和输入**选取过程的一部分予以考虑。

110. 评估模型

110.01 根据"IVS 105 **评估模型**"，**评估师必须**尽可能最大限度地利用适用**评估模型**的特征。

110.02 **评估模型必须**适用于**评估**的**预期用途**，并与合适的**输入**保持一致。

120. 档案和报告

120.01 除"IVS 106 档案和报告"中的要求外，**必须**为**评估**出具评估报告，且评估报告**必须**包括所确定工作范围涉及的所有事项（见"IVS 101 **工作范围**"）。报告中还**必须**包含排除在实际或假设的交易情景之外的、各种相关的**有形资产**和**无形资产**对报告**价值**影响的说明。

120.02 此外，除"IVS 106 **档案和报告**"中 40.01—40.03 段的要求外，**必须**为**评估复核**出具**评估复核**报告，且**评估复核报告必须**说明该复核是**评估过程复核**还是**价值复核**。

130. 厂房和设备的特殊考量

130.01 以下 130.02 段提供了一个与 PEI **评估**相关议题的不完全清单。

价值分摊

130.02 根据"IVS 102 **价值类型**"第 70 节及本准则，如果一组**资产**作为投资组合的一部分进行评估，但在单独的基础上进行价值分配，**评估师必须**明确说明该情形，并提供分配方法的逻辑依据。

IVS 400 不动产权益

| IVS 200 企业和企业权益 | IVS 210 无形资产 | IVS 220 非金融负债 | IVS 230 存货 | IVS 300 厂房、设备和基础设施 | IVS 400 不动产权益 | IVS 410 开发性不动产 | IVS 500 金融工具 |

内容	节
概述	10
引言	20
评估框架	30
工作范围	40
价值类型	50
评估途径	60
市场途径	70
收益途径	80
成本途径	90
数据和输入	100
评估模型	110
档案和报告	120
不动产权益的特殊考量	130
权益的等级	140
租金	150

10. 概述

10.01　基本准则中所包含的原则适用于不动产权益的**评估**。本准则包括关于基本准则如何应用于适用本准则**评估**的调整、附加要求或具体示例。不动产权益**评估**还**必须**遵循相应类型**资产**和/或**负债**的适用准则（见"IVS 300 **厂房、设备和基础设施**"和"IVS 410 **开发性不动产**"，如适用）。

20. 引言

20.01 不动产权益通常由国家或个别**司法管辖区**的法律进行定义，经常由国家或地方立法进行监管。在某些情况下，个人、社区（社群）和/或集体对土地和建筑物的合法权利是以非正式、传统、无文件记载和未登记的方式持有的。在从事不动产权益**评估**之前，**评估师必须**了解可能影响被评估权益价值的相关法律框架。

20.02 不动产权益是指，对土地和建筑物的拥有、控制、使用或占用的权利。不动产权益包括社区（社群）和/或集体或部落土地，以及城市（农村）非正式住区或转型经济体的非正式使用权，其形式可以是占有、占用和使用权。

20.03 不动产权益存在三种基本类型：

（a）任何特定土地区域的优先权益。这类权益的所有者对土地及地上建筑物拥有永久占有和控制的绝对权利，仅受任何次级权益和任何法定或其他可依法强制执行的约束；

（b）次级权益，通常赋予持有者在指定期间内对特定土地区域或建筑物的独家占有和控制的权利，如根据租赁合同条款；

（c）使用权益，即能够使用但不是独家占有或控制土地或建筑物的权利，如一项土地通行权利或用于特定活动的权利。

20.04 **无形资产**不属于不动产**资产**和/或**负债**这一类别。然而，**无形资产**可能与不动产**资产**相关，并对不动产**资产**的现金流产生实质影响。因此，在工作范围中对纳入或排除的**评估预期用途**进行明确至关重要。当涉及**无形资产**成分时，**评估师**还**应该**遵循"IVS 210 **无形资产**"的相关要求。

20.05 尽管不同**司法管辖区**采用不同的词汇和术语来描述这

些不动产权益的类型，但最为常见的不动产权益概念是：无限制的绝对所有权益、有限期限内的独享权益或特定**预期用途**下的非独享权益。土地和建筑物的不可移动性意味着在土地和建筑物交易中所转移的是其拥有者的权利，而并非土地和建筑物的实体。因此，**价值**附着于法定权益，而非土地和建筑物实物。

20.06 不动产权益**评估**通常用于不同的**预期用途**，包括担保贷款、买卖、税收、诉讼、赔偿、破产程序和财务报告。

30. 评估框架

30.01 根据"IVS 100 **评估框架**"，**评估师必须**遵循评估师原则（见"IVS 100 **评估框架**"第 10 节）。

40. 工作范围

40.01 为遵循"IVS 101 **工作范围**"20.03（a）段中关于识别被评估**资产**和/或**负债**的要求，**必须**考虑以下事项：

（a）关于被评估不动产权益的描述；

（b）识别影响被评估不动产权益的任何优先权益，或次级权益，或使用权益。

40.02 根据"IVS 101 **工作范围**"第 20 节和第 30 节的要求，在评估过程中进行的调查**必须**与评估的**预期用途**和**价值类型**相符。在**评估复核**时，工作范围**必须**说明该复核是**评估过程复核**还是**价值复核**。

40.03 **必须**通过检查、询问、调研、计算或分析等手段开展充分调查并收集足够依据，确保**评估**有合理支撑。在确定调查和依据的必要性时，需要进行**专业判断**，确保其适用于**评估**目的。

40.04 当评估业务依赖于**评估师**之外第三方提供的信息时，**应该**分析该信息是否可信，或在该信息不会对评估可信性造成不利影响的前提下考虑使用该信息。提供给**评估师**的**重要输入**（如管理

国际评估准则

层/所有者提供的），**应该**予以考虑、调查和/或验证。在无法证明所提供信息的可信度或可靠性的情况下，**应该**考虑是否或如何使用该信息[见"IVS 101 工作范围"20.01（j）段]。

40.05 在考虑所获取信息的可信性和可靠性时，**评估师应该**考虑以下因素：

（a）**评估**的**预期用途**；

（b）信息对于评估结论的重要性；

（c）信息来源对标的事项的专业程度；

（d）信息来源对于标的**资产**和/或**评估**使用者的独立性[见"IVS 101 工作范围"20.01（a）段]。

40.06 **评估预期用途**、**价值类型**、调查范围和限制及任何可依赖的信息来源是评估工作范围的部分内容，**必须**在评估业务的所有相关方之间进行沟通（见"IVS 101 工作范围"）。

40.07 在评估业务执行过程中，如果明确在工作范围中的调查或限制将不能产生可信的**评估**，或由第三方提供的信息不可用或不充分，或调查过程中（如检查）受到的限制非常大，导致无法得出足以满足**评估**目的的评估结果，则**评估必须**明确说明该**评估**没有遵循 IVS（见"IVS 100 评估框架"第40节和"IVS 101 工作范围"20.03 段）。

40.08 除在"IVS 101 工作范围"中关于说明调查范围和可依赖的信息的性质与来源的要求外，还**应该**考虑以下事项：

（a）核实不动产权益和任何相关权益的依据（如有）；

（b）检查工作的范围；

（c）获得场地面积、场地特征（如地面条件）、建筑特征或楼面面积等方面信息的责任；

（d）获得面积、特征（如地质条件）、土地产能属性（如土壤肥沃度、种植面积）等信息的责任；

（e）确认各建筑物规格和状况的责任；

(f) 确认经济种植园、植被、森林或粮食作物规格和状况的责任；

(g) 确认矿产储量的数量和质量及开采和相应补救措施的责任；

(h) 对服务和设施的性质、规格和充分性进行调查的程度；

(i) 识别现有或潜在环境因素的责任；

(j) 使用不动产和任何建筑的法律许可或限制及其预期或潜在变化。

40.09 为遵循"IVS 101 **工作范围**"20.03（k）段和"IVS 102 **评估类型**"50.04 段的要求，需要达成一致和确认的特殊假设的典型例子包括但不限于：

(a) 假设不动产已经发生明确的实体性变化，如：拟建建筑物在**评估基准日**按完工状态进行评估；

(b) 假设不动产的状态已经发生变化，如：在**评估基准日**，空置建筑物已被租赁，或已租赁建筑物变为空置状态；

(c) 假设权益在被评估时没有考虑其他现有权益；

(d) 假设不动产不受污染或其他环境风险的影响；

(e) 假设经济活动将永久持续；

(f) 假设不动产的拟议用途发生变化，其规划许可也能获得批准。

50. 价值类型

50.01 依据"IVS 102 **价值类型**"的要求，**评估师**在对不动产权益进行评估时，**必须**根据**预期用途**选择适当的**价值类型**。

50.02 在大多数**价值类型**中，**评估师必须**考虑不动产的最高最佳用途，这可能与不动产的现状用途有所区别（见"IVS 102 **价值类型**"附录 A90—A120）。这种评价对能够从一种用途变为另一种用途或具有开发潜力的不动产权益尤为重要。

50.03 除"IVS 102 **价值类型**"第 70 节中关于**价值分摊**的要求外，如果各单个被分摊部分的价值总和与**资产**和/或**负债**的总体**价值**不一致，则**评估师应该**明确说明产生差异的主要原因。

60. 评估途径

60.01 "IVS 103 **评估途径**"中描述的三种**评估途径**均可用于不动产权益**评估**。

60.02 在选择途径和方法时，除本准则的要求外，**评估师必须**遵循"IVS 103 **评估途径**"的要求，包括其中的 10.03 段和 10.04 段。

70. 市场途径

70.01 不动产权益通常具有异质性（即具有不同特性）。即使相关土地和建筑物与市场上交易的其他土地和建筑物具有相同的物理特征，其地理位置也会不同。尽管存在这些差异，不动产权益的**评估**仍然普遍采用市场途径。

70.02 为了将**评估**标的与其他不动产权益的**价格**进行比较，**评估师应该**根据被评估**资产**和/或**负债**的类型，采用参与者广泛接受和恰当的比较基准。通常使用的比较基准包括：

（a）建筑物的每平方米（或每平方英尺）价格或土地的每公顷（或每英亩）价格；

（b）每个房间的价格；

（c）每个单位产出的价格，如每兆瓦产生的价格、粮食作物产量。

70.03 一个比较基准，只有在每次分析中被一致选择并应用于标的不动产和可比不动产时才有用。任何采用的比较基准都**应该**尽可能是相应市场参与者常用的比较基准。

70.04 **评估**中任何可应用于可比价格**数据**的可依赖程度，是

IVS 400 不动产权益

通过将用于得出该**数据**的可比不动产及其交易的各种特征，与被评估的不动产进行比较后确定的。**应该**根据"IVS 103 **评估途径**"附录 A10.01—10.08 的要求对以下差异予以考虑。在评估不动产权益时**应该**考虑的具体差异包括但不限于：

(a) 提供价格依据的权益类型和被评估权益类型；

(b) 各自的地理位置；

(c) 各自的土地质量特性；

(d) 建筑物的年代和规格；

(e) 每项不动产的许可用途和规划；

(f) 确定**价格**时的条件及所需的**价值类型**；

(g) 价格依据的生效日期和**评估基准日**；

(h) 相关交易发生时的市场状况及其与**评估基准日**市场状况的差异。

80. 收益途径

80.01　在收益途径范畴中，有多种方法用于指示**价值**，其共同特征是：**价值**是基于权益拥有者实际或可能产生的实际或预计的收益确定的。对于一项投资性不动产，其收益形式可能是租金（见"IVS 104 **数据和输入**"和"IVS 105 **评估模型**"）；对于所有者自用的建筑物，其收益形式可能是根据业主租赁同样空间所需成本而假设的租金（或节约的租金）。

80.02　对于一些不动产权益，其产生收益的能力与特定用途或经营/交易活动紧密相关（例如，电影院、养老或看护场所、诊所、酒店等）。如果一座建筑物仅适用于开展某类交易活动，则其收益常常按照该建筑物所有者在该类交易活动中获得的实际或潜在现金流进行估算。这种利用一项不动产的交易潜力来指示其**价值**的方法，通常被称为"利润法"（见下文 80.03 段）。

80.03　当收益途径使用的潜在收益反映经营/交易活动的现金

流（而不是与租赁、维护和其他不动产特定**成本**相关的现金流）包含**无形资产**时，则该评估不再仅仅是不动产权益**评估**，**评估师**也应该酌情遵循"IVS 200 **企业和企业权益**"和"IVS 210 **无形资产**"（如适用）的要求。

80.04 对于不动产权益，可能使用各种形式的现金流折现模型。这些模型在具体细节上各有不同，但有一个共同的基本特征，即利用一个**折现率**将在设定未来期间所产生的现金流调整为现值。各期间对应现值的总和反映了对资本价值的估算。现金流折现模型中的**折现率**是基于资金的时间成本、目标收益流相关的风险及回报进行估算的。

80.05 得出**折现率**的更多信息参见"IVS 103 **评估途径**"的附录 A20.29—A20.40。收益率或**折现率**的确定**应该**受到**评估目的**的影响。例如：

（a）如果**评估目的**是确定**市场价值**，则使用的**折现率**可以是通过观测市场参与者为交易不动产权益支付的**价格**所隐含的回报率得出，或是通过假设参与者的预期回报率得出。当**折现率**是基于市场交易分析得出时，**评估师**也**应该**遵循"IVS 105 **评估途径**"的附录 A10.07 和 A10.08 的指引。

（b）如果**评估目的**是根据特定所有者或潜在所有者自身投资标准确定**市场价值**，则使用的折现率可能反映其要求的回报率或加权平均资本成本。

80.06 适当的**折现率**也可以通过在一个典型"无风险"回报率的基础上，根据特定不动产权益的具体附加风险和机会进行调整得出。

90. 成本途径

90.01 在应用成本途径时，**评估师必须**遵循"IVS 103 **评估途径**"附录 A30 的指引。

IVS 400 不动产权益

90.02 在不动产权益**评估**中使用的成本途径具体方法通常是折余重置成本法（Depreciated Replacement Cost）（见"IVS 103 **评估途径**"附录 A30）。

90.03 当没有相似不动产交易**价格**的依据，或没有可识别的、归属于相关权益的实际或名义收益流时，成本途径可以被用作主要途径。

90.04 在某些存在市场交易**价格**证据或可识别收益流的情形中，成本途径也可以被用作次要途径或佐证途径。

90.05 第一步要求对重置成本进行计算。这通常是指在相关**评估基准日**用一个现时等效物替代该项不动产所花费的更新重置**成本**。例外情形是，当等效物是标的不动产的复制品并为参与者提供同等效用时，重置成本将是重新建造或复制目标不动产的复原重置成本，而非用现时等效物替代标的不动产的更新重置成本。重置成本**必须**酌情反映所有附带成本，如参与者在创造等效**资产**时产生的土地**价值**、基础设施费用、设计费用、财务费用和开发商利润。

90.06 第二步**必须**根据实体性、功能性、技术和经济性贬值对现时等效物的**成本**进行酌情调整（见"IVS 103 **评估途径**"附录 A30）。贬值调整的目的是估计标的不动产对潜在买方的价值可能或将会比现时等效物低出多少。贬值要考虑标的不动产与现时等效物相比，在实体性、功能性和经济效用方面的区别。

100. 数据和输入

100.01 根据"IVS 104 **数据和输入**"的要求，**评估师必须**尽可能最大限度地利用相关和**可观测数据**。

100.02 除"IVS 104 **数据和输入**"中的要求外，不动产权益**评估**的可比依据还**应该**遵循以下优先等级：

（a）直接可比依据；

（b）间接可比依据；

（c）一般市场数据；

（d）其他来源。

100.03 在应用可比证据的优先等级时，**评估师必须**确保充分应用"IVS 104 **数据和输入**"中包含的适用**数据和输入**的特征。

100.04 选取的**输入必须**与评估**资产**和/或**负债**的模型一致（见"IVS 104 **数据和输入**"第 40 节）。

100.05 **必须**对**输入**的选取、来源和使用进行解释、论证和记录。

100.06 与**资产价值**相关的**重要 ESG 因素**应该作为**数据和输入**选取过程的一部分予以考虑。

110. 评估模型

110.01 根据"IVS 105 **评估模型**"，**评估师必须**尽可能最大限度地利用适用**评估模型**的特征。

110.02 **评估模型必须**适用于**评估**的**预期用途**，并与合适的**输入**保持一致。

120. 档案和报告

120.01 除"IVS 106 **档案和报告**"第 30 节的要求外，**必须**为**评估**出具评估报告，且评估报告**必须**包括所确定工作范围涉及的所有事项（见"IVS 101 **工作范围**"）。报告中还**必须**包含排除在实际或假设的交易情景之外的、各种相关的**有形资产**和**无形资产**对报告**价值**影响的说明。

120.02 此外，除"IVS 106 **档案和报告**"第 40 节的要求外，**必须**为**评估复核**出具**评估复核报告**，且**评估复核报告必须**说明该复核是**评估过程复核**还是**价值复核**。

130. 不动产权益的特殊考量

130.01 以下各节提供了一个与不动产权益**评估**相关议题的不

IVS 400 不动产权益

完全清单：

(a) 权益的等级（见第 140 节）；

(b) 租金（见第 150 节）。

140. 权益的等级

140.01 不同类型的不动产权益并非相互排斥。例如，优先权益可能受限于一个或多个次级权益。绝对权益的拥有者可能将其部分或全部权益授予租赁权益。由绝对权益拥有者直接授予的租赁权益被称为首次租赁权益。除非租赁合约条款禁止，否则首次租赁权益的拥有者可以将其部分或全部权益租赁给第三方，这就是转租权益。转租权益在期限上总是短于或等于产生该转租权益的首次租赁权益。

140.02 这些不动产权益各有特点，举例说明如下：

(a) 虽然绝对权益提供永久的绝对所有权，但其可能受次级权益的影响。这些次级权益可能包括租约、由先前的所有者设定的限制条件，或由法律强加的限制条件。

(b) 租赁权益具有明确期限，期限结束后，该项不动产将归还给产生租赁权益的优先权益拥有者。租约通常将对承租人的义务进行约束，例如需要支付租金或其他费用。租约还可能规定一些条件或限制，例如对于该项不动产的使用方式或向第三方转让权益的方式。

(c) 使用权益可能是永久的，也可能具有明确期限。该项权益可能取决于其持有者支付费用或遵守某些其他条件的情况。

140.03 当评估一项不动产权益时，有必要识别归属于该项权益持有者的权利性质，并由同一不动产中存在的其他权益所带来的任何约束条件或产权负担。同一不动产中各项不同权益的**价值**加总，往往不等同于无限制的优先权益的**价值**。

150. 租金

150.01　市场租金是"**IVS 102 价值类型**"中定义的一种**价值类型**。

150.02　当对一项受租约限制的优先权益或一项由租约产生的权益进行评估时，**评估师必须**考虑其合同租金和市场租金，两种租金在某些情形下是不同的。

150.03　合同租金是根据一个实际租赁合约条款约定的应付租金。在租赁期间，租金可以是固定的，也可以是变动的。租金变化的频率和其计算基础将在租约中规定，且**必须**被双方理解并认可，以便计算出租方应得的总收益和承租方承担的总**负债**。

IVS 410 开发性不动产

内容	节
概述	10
引言	20
评估框架	30
工作范围	40
价值类型	50
评估途径和方法	60
市场途径	70
收益途径	80
成本途径	90
剩余法	100
现存资产	110
数据和输入	120
评估模型	130
档案和报告	140
担保贷款的特殊考量	150

10. 概述

10.01 基本准则中包含的原则适用于开发性不动产的**评估**。本准则包括关于基本准则如何应用于适用本准则**评估**的调整、附加要求或具体示例。开发性不动产的**评估**还**必须**遵循相应类型**资产**和/或**负债**的适用准则（见"IVS 400 **不动产权益**"和"IVS 300 **厂房、设备和基础设施**"，如适用）。

20. 引言

20.01 在本准则中，开发性不动产是指在**评估基准日**，需要开发达到最高最佳用途的权益，或正在考虑或正在进行改进的权益，包括：

(a) 建筑物的建造；

(b) 正在配备基础设施的未开发土地（见"IVS 300 **厂房、设备和基础设施**"）；

(c) 已开发土地的再开发；

(d) 现有建筑物或构筑物的改善或改建；

(e) 法定规划中或经有关部门许可，分配作为发展用途的土地；

(f) 法定规划中或经有关部门许可，分配作为更高**价值**用途或更高密度开发的土地。

20.02 开发性不动产的**评估**可能用于不同的**预期用途**。**评估师**有责任了解**预期用途**。应该需要对开发性不动产进行评估的情形，包括但不限于：

(a) 确定拟建项目是否具备财务可行性；

(b) 作为并购和抵押担保业务中综合咨询和交易支持服务的一部分；

(c) 以税务报告为**目的**，从价税分析经常需要进行开发性不动产评估；

(d) 诉讼案件需要进行评估分析，例如股东纠纷和损害计算；

(e) 以财务报告为**目的**，企业合并、**资产**购买和出售及减值分析的会计处理经常需要进行开发性不动产**评估**；

IVS 410 开发性不动产

(f) 其他法定或法律事件可能需要对开发性不动产进行**评估**，如强制购买。

20.03 对开发性不动产进行评估时，**评估师必须**遵循该类**资产**和/或**负债**适用的准则（见"IVS 400 **不动产权益**"和"IVS 300 **厂房、设备和基础设施**"）。

20.04 开发性不动产的剩余价值或土地价值，可能对于项目完工后收益或收入的假设或预测的变化，以及将要发生开发成本的变化十分敏感。无论采用何种方法，以或如何尽职地研究与**评估基准日**有关的各种**输入**，现实依然如此（见"IVS 104 **数据和输入**"）。

20.05 在项目**成本**或其完工后**价值**发生**重大**变化产生的影响中也存在这种敏感性。如果在某种**预期用途**下需要进行**评估**，而建设项目在建期间的**价值**发生**显著**变化可能会引起使用者的关切（如**评估**用于抵押担保或确定拟建项目的可行性），**评估师必须**强调建造成本或终值的可能变化对项目利润率和部分完工的不动产**价值**造成的潜在不成比例的影响。在这类**预期用途**下，如果附有恰当合理的解释，敏感性分析可能是有用的。

30. 评估框架

30.01 根据"IVS 100 **评估框架**"，**评估师必须**遵循评估师原则。

40. 工作范围

40.01 除"IVS 101 **工作范围**"第 20 节和第 30 节的要求外，评估过程中的调查**必须**适用**评估**的**预期用途**和**价值类型**。在**评估复核**时，在工作范围中**必须**说明该复核是**评估过程复核**还是**价值复核**。

40.02 **必须**通过检查、询问、调研、计算或分析等手段开展充分调查并收集足够依据，确保**评估**有合理支撑。在确定调查和依据的必要性时，需要进行**专业判断**，确保其适用于**评估目的**。

40.03　当评估业务依赖于**评估师**之外的第三方提供的信息时，**应该**分析该信息是否可信，或在该信息不会对评估可信性造成不利影响的前提下考虑使用该信息。提供给**评估师**的**重要输入**（如管理层/所有者提供的），**应该**予以考虑、调查和/或验证。在无法证明所提供信息的可信度或可靠性的情况下，**应该**考虑是否或如何使用该信息［见"IVS 101 **工作范围**" 20.01（j）段］。

40.04　在考虑所获取信息的可信性和可靠性时，**评估师应该**考虑以下因素：

（a）**评估**的**预期用途**；
（b）信息对于评估结论的重要性；
（c）信息来源对标的事项的专业程度；
（d）信息来源对于标的**资产**和/或标的**负债**，和/或**评估**使用者的独立性［见"IVS 101 **工作范围**" 20.01（a）段］。

40.05　**评估预期用途**、**价值类型**、调查范围和限制及任何可依赖的信息来源是**评估**工作范围的部分内容，**必须**在**评估**业务的所有相关方之间进行沟通（见"IVS 101 **工作范围**"）。

40.06　在评估业务执行过程中，如果明确在工作范围中的调查将不能产生可信的**评估**，或由第三方提供的信息不可用或不充分，或调查过程中受到的限制非常大，导致**评估师**无法充分评价**输入**和假设，则该**评估**没有遵循 IVS（见"IVS 101 **工作范围**" 20.03 段）。

50. 价值类型

50.01　依据"IVS 102 **价值类型**"的要求，**评估师**在对开发性不动产进行**评估**时，**必须**根据**预期用途**选择恰当的**价值类型**。

50.02　然而，在考虑开发性不动产的**价值**时，**应该**考虑到任何现有合同（如建筑合同或已完工项目的出售或租赁合同）在合同任何一方正式破产时变成无效或可被申请无效的可能性。还**应该**进一步关注任何可能对**市场价值**产生重大影响的合同义务。因此，在借款人违约的情况下，适当的做法**应该**是向出借人强调风险，即不动产的潜在买方无法从现有建筑合同和/或预先租约、预售合同及任何相关担保和保证中获得利益的风险。

50.03　开发性不动产**评估**经常包括**重大**数量的关于项目完工时条件或状况的假设和特殊假设。例如，可能会作出开发已经完工或该不动产已完全出租的特殊假设。根据"IVS 101 **工作范围**"的要求，**评估**中使用的**重要假设和特殊假设必须**与**评估**业务的所有相关方沟通，**必须**在工作范围中达成一致并予以确认。当第三方可能依赖该评估结果时，可能需要特别注意。

50.04　通常情况下，验证开发性房地产中每个可能对潜在未来开发产生影响的特征是不可行或不可能的，例如在尚未对地面条件进行调查的情形下。当面临上述情况时，作出相应的假设可能是合适的（例如，假设不存在会导致**成本显著**增加的异常地面条件）。如果这不是参与者会作出的假设，则需要将其表述为特殊假设。

50.05　如果一个项目自最初设计以来市场状况已经发生变化，该在建项目可能不再代表土地的最高最佳用途。在这样的情况下，原先拟建项目的完工**成本**可能无关紧要，因为市场上的买方会拆除部分已完工的建筑，或将其改建为其他项目。在建开发性不动产的**价值**需要反映其他项目的现行**价值**，以及与完成该项目相关的**成本**和风险。

50.06　对于某些开发性不动产，不动产与特定用途或业务/交易活动密切相关，或与关于已完工不动产将在一个特定和可持续的水平进行交易的特殊假设密切相关。在这种情形下，**评估师**也**必须**酌情遵循"IVS 200 **企业和企业权益**"的要求，并在适用情况下遵循"IVS 210 **无形资产**"的要求。

50.07　用于开发性不动产**评估**的特殊假设**必须**遵循"IVS 102 **价值类型**"第60节。

60. 评估途径和方法

60.01 对于开发性不动产**评估**，有三种主要**评估途径**和一种主要**评估方法**，分别是：

（a）市场途径（见第 70 节）；

（b）收入途径（见第 80 节）；

（c）成本途径（见第 90 节）；

（d）剩余法，由市场途径、收益途径和成本途径混合而成（见第 100 节）。

60.02 除本准则的要求外，**评估师**在选择**评估途径**和**评估方法**时，**必须遵循** IVS 的要求（见"IVS 103 **评估途径**"，包括 10.04 段）。

60.03 **评估途径**的选择取决于确定**价值类型**及具体的事实和环境，如近期交易的水平、项目的开发阶段及项目开工以来不动产市场的变化情况，且**应该**总是选择最适合这些情况的**评估途径**。因此，选择最恰当途径时的专业判断至关重要。

70. 市场途径

70.01 某些类型的开发性不动产可能具有充分的同质性，并在市场中频繁交易，因此在需要**评估**时会有充分的近期销售**数据**可以直接用作可比交易案例（见本准则 100.09—100.16 段）。

70.02 在多数市场中，对于更大规模或更复杂的开发性不动产，或拟议改进具有异质性的小型不动产，使用市场途径可能具有局限性。这是因为不同不动产之间变量的数量和范围有所差异，尽管经过正确调整的市场依据可以作为**评估**中部分变量的基础，直接将所有变量进行比较也是不适用的（见"IVS 103 **评估途径**"第 20 节）。

70.03 对于改进已经开始但尚未完工的开发性不动产，应用市场途径甚至会面临更大问题。该类不动产很少在部分完工的状态

IVS 410 开发性不动产

下在参与者之间进行转让，除非作为其持有实体转让的一部分，或卖方处于破产或面临破产从而不能完成该项目。即使在不太可能发生的情况下有证据表明另一个部分完工的开发性不动产在接近**评估基准日**的时点进行了转让，也几乎可以肯定其已完工程度是不同的，尽管不动产在其他方面可能十分相似。

70.04　市场途径作为剩余法的一个**输入**，用于确定一个已完工不动产的**价值**也可能是适当的，剩余法一节（见本准则第100节）对此进行了更加全面的解释。

80. 收益途径

80.01　在某些市场中，确定开发性不动产的剩余价值可能需要使用现金流模型（见本准则100.09—100.16段）。

80.02　收益途径作为剩余法的一个**输入**，用于确定一个已完工不动产的**价值**可能也是适当的，剩余法一节（见本准则第100节）对此进行了更加全面的解释。

90. 成本途径

90.01　确定开发成本是剩余法的关键组成部分（见本准则第100节）。

90.02　成本途径也可能专门用于指示开发性不动产的**价值**，例如拟议开发的建筑物或其他构筑物和基础设施，但其在完工时没有活跃的市场。

90.03　成本途径依据的经济原理是，买方愿意支付一项**资产**的金额不会高于重新建造一项具有同等效用**资产**所花费的成本。将这一原理应用于开发性不动产时，**评估师必须**考虑预期买方购买相似**资产**的**成本**，该相似**资产**具有通过开发获得与开发标的不动产获得相似利润的潜力。然而，除非存在影响标的开发性不动产的异常情况，否则分析拟建开发性不动产和确定假定替代资产的预期成本的过程，就是有效复制了上述可直接应用于标的不动产的市场途径或剩余法。

90.04 应用成本途径评估开发性不动产的另一个难点是确定利润水平，即对一个预期买方的"效用"。虽然开发者在项目开始时可能设定了一个目标利润，但实际利润通常取决于不动产完工时的**价值**。此外，随着不动产趋于完工，与开发相关的某些风险也会随之降低，这可能会影响买方的要求回报。除非已协商好一个固定**价格**，否则利润并不取决于获得土地和进行改进发生的**成本**。

100. 剩余法

100.01 剩余法通常是市场途径、收益途径和成本途径的结合。

100.02 市场途径和/或收益途径，作为剩余法所需的**输入**之一，可能适用于估算不动产的总开发价值。

100.03 剩余法是指在考虑了与项目完工相关的风险后，从项目完工的预测**价值**中扣除完成开发所需的全部已知或预测**成本**后，得出剩余金额的方法。该剩余金额称为剩余价值。

100.04 剩余价值对于预测现金流中的微小变化都可能高度敏感，从业人员**应该**对每一个**重要**因素进行单独的敏感性分析。

100.05 在使用剩余法时需要谨慎，因为结果对各种**输入**的变化较为敏感，这些变化在**评估基准日**可能无法准确获知，因此不得不利用假设进行估计。

100.06 剩余法使用的模型在复杂程度和精密程度上存在很大差异，越复杂的模型，越要考虑到更高精度的**输入**、多个开发阶段和更加精细的分析工具。最合适的模型将取决于拟议开发的规模、周期和复杂程度。

100.07 在应用剩余法时，**评估师应该**考虑和评价以下事项的合理性和可靠性：

（a）任何拟建建筑或构筑物的信息来源，例如在**评估**中所依赖

IVS 410 开发性不动产

的任何计划和规格等；

（b）任何将在**评估**中使用的、项目完工产生的建造和其他**成本**的信息来源；

（c）任何在**评估**中使用的估算收益率/**折现率**的信息来源。

100.08 在应用剩余法时，**应该**考虑以下基本要素（见"IVS 104 数据和输入"）：

（a）完工不动产的**价值**；

（b）建造成本；

（c）咨询费用；

（d）法定费用；

（e）营销成本；

（f）开发进度表；

（g）财务费用；

（h）开发利润（土地和建筑物）；

（i）或有事项；

（j）**折现率**。

完工不动产的价值

100.09 第一步要求估算开发项目假设完工后不动产相关权益的**价值**，**应该**遵循"IVS 103 **评估途径**"的要求。

100.10 无论在市场途径和收益途径下采用何种方法，**评估师必须**采用以下两个基本假设之一：

（a）在项目已按规定计划和规范完工的特殊假设下，完工时的估计**价值**是以评估基准日的现行**价值**为基础的；

（b）完工时的估计**价值**是基于一个特殊假设，即在**评估基准日**项目将按规定计划完工，且项目将按规定规格在预计完工日完工。

100.11 **应该**由市场惯例和相关**数据**和**输入**的可获得性决定哪个假设更为合适。然而，明确使用的是现行价值还是预测价值十分重要。

国际评估准则

100.12 如果使用的是估计的总开发价值，**应该**明确指出这是基于参与者根据**评估基准日**可获得信息所作出的特殊假设。

100.13 注意确保在剩余价值测算过程中使用一致的假设也非常重要，即如果使用的是现行**价值**，则**成本**也**应该**是现行的，**折现率**也是基于对现行**价格**的分析得出。

100.14 如果预售或预租协议以项目或其相关部分完工为条件，这将在完工不动产的**评估**中体现。**应该**谨慎确定市场参与者是否就预售协议中的**价格**或预租协议中的租金及其他条款在**评估基准日**达成一致。

100.15 如果协议条款无法反映市场情况，则可能需要对**评估**作出相应调整。

100.16 项目完工前，确定这些协议是否可以转让给开发性不动产相关权益的买方也是适当的。

建造成本

100.17 需要识别在**评估基准日**按照项目规定规格完成项目的全部工作**成本**。在尚未开工的情况下，这些成本将包括在签订主要建筑合同之前所需的准备工作（如获得法定许可、拆除或场外基础工程）的**成本**。

100.18 当工程启动或即将启动时，通常会提供一个或多个能够对**成本**进行独立确认的合同。然而，如果没有合同，或实际的合同成本并不能反映**评估基准日**市场上约定的典型成本，则可能有必要估计这些**成本**，以反映**评估基准日**参与者对可能**成本**的合理预期。

100.19 在**评估基准日**前进行开发带来的利益将反映在**价值**中，但不能决定**价值**。同样，根据实际建筑合同在**评估基准日**前对已完成工程的先前支付款项，也与其现行**价值**无关。

100.20 相反，如果根据建筑合同针对已完成工程的支付款项已经就绪，则在**评估基准日**，尚未完工工程的剩余支付款项可能就是完成该项工程所需的建造成本的最佳依据。

100.21 然而，合同约定的建造成本可能包括某个特定最终用户的特殊要求，因此可能并不反映参与者的一般要求。

100.22 此外，如果存在合同无法履行的重大风险（例如，由于纠纷或合同其中一方破产），则聘用新承包商完成未完工程的**成本**可能更为合适地反映建造成本。

100.23 当对部分完工的开发性不动产进行评估时，不宜完全依赖项目开始时编制的任何项目计划书或可行性研究中的预计成本和收益。

100.24 一旦项目启动，项目开始时编制的任何项目计划书或可行性研究中的预计成本和收益就不是衡量**价值**的可靠工具了，因为**输入**已经成为历史。同样，基于在**评估基准日**前估算项目完成百分比的技术路径，可能与确定现行**市场价值**不太相关。

咨询费用

100.25 咨询费用包括参与者在项目完工前各个阶段合理产生的法律和专业服务成本。

法定费用

100.26 该费用是获得必要许可和审批的费用，包括但不限于建筑审批、环境许可和消防安全。

营销成本

100.27 如果已完成项目没有明确的买方或承租方，则通常适合考虑与适当营销有关的**成本**，以及在营销方面发生的任何租赁佣金和咨询费用（未包括在本准则100.25段）。

开发进度表

100.28 评估时需要考虑项目从**评估基准日**到预期完成日的持续时间，以及与建造成本、咨询费用等有关的现金流出的分阶段情况。

100.29 如果实际完成后，没有就开发性不动产的相关权益签订销售合同，则**应该**估计从建造完成直至售出所需的典型营销周期。

100.30 如果工程完工后不动产作为投资用途持有，且没有预租合同，则需要考虑达到稳定的入驻率所需要的时间（即达到实际长期入驻水平的时期）。当项目按独立单元出租时，如果市场经验表明部分出租单元预期可能总是处于空置状态，则该项目的稳定入驻率可能低于100%，那么**应该**考虑预留该不动产拥有者在此期间发生的**成本**，如额外的营销成本、折让、维护和/或无法回收的服务费。

财务费用

100.31 财务费用是指项目从**评估基准日**到完工期间发生的融**资成本**，包括从实际完工到销售完成或达到稳定入住率状态期间发生的融资成本。因出借人可能认为项目建设期间的风险与项目完工后的风险也许有很大不同，故每个时期的财务费用也可能需要进行单独考虑。即便实体计划自筹资金建设项目，也**应该**按照参与者为完成项目借款时的可获得利率在**评估基准日**计提利息备抵。

开发利润

100.32 **应该**为开发利润或开发性不动产的买方在**评估基准日**因承担与项目完工相关的风险要求的回报进行预留。这包括在项目实际完工后实现的预期收入或资本价值所涉及的风险。土地和建筑物的开发利润都**应该**考虑在内。

100.33 目标利润可以表示为一次性付款、购买土地和建筑物/构筑物的**成本**利润率、项目完工时预期价值的百分比或预期收益率。各类不动产以何种形式表示，市场惯例通常会给出最恰当的选择。所需的利润金额将反映潜在买方在**评估基准日**感知的风险水平，并将因以下因素而异：

（a）**评估基准日**项目所处阶段。通常认为接近完工项目的风险比处于初始阶段项目的风险要小，除非出现某一开发方资不抵债的情况。

（b）是否已经找到完工项目的买方或承租人。

（c）项目的规模和预期剩余的建设期。项目建设期越长，未来**成本**和收入波动以及总体经济条件变化的风险暴露就越大。

100.34 在评价与开发项目完工有关的相对风险时，通常**应该**需要考虑的因素举例如下：

（a）导致建造成本增加的不可预见的复杂因素；

（b）由于恶劣天气或开发商无力控制的其他事件导致的潜在合同延期；

（c）获得法定许可的延期；

（d）供应商无法履约；

（e）开发期间的授权风险及授权变更；

（f）与拟开发项目相关的**环境、社会和公司治理**的要求变化；

（g）监管变化；

（h）寻找买方或承租人的延期；

（i）筹集项目资金的延期；

（j）在项目启动期间或之后，发现契约或土地所有权等文件不合规。

100.35 上述所有因素都会影响项目的预期风险、买方或开发性不动产要求的利润，无论或有事项已经在剩余**评估模型**中体现，还是在用于将未来现金流转换为现值的**折现率**的风险中体现，都**必须**注意避免重复计算。

100.36 项目建设期间因市场状况变化导致已完工开发性不动产估计价值发生变化的风险，通常反映在用于对已完工项目进行评估的**折现率**或资本化率中。

100.37 在开发项目启动时，开发性不动产权益所有者的预期利润会根据其在项目中权益的**评估**而变化。**评估应该**反映截至**评估基准日**的剩余风险，以及部分完工项目的买方为使项目顺利完工所要求的折扣或回报。

折现率

100.38 为得出开发性不动产在**评估基准日**的指示性**价值**，剩余法要求对所有未来现金流采用某一**折现率**，以得到净现值。该**折现率**可以采用多种方法计算（见"IVS 103 **评估途径**"附录 A20.29—A20.40）。

100.39 如果现金流是基于**评估基准日**的现行**价值**和**成本**，则**应该**对这些价值和成本在**评估基准日**到预计完工日期间发生变化的风险予以考虑，并在确定现值的**折现率**中进行反映。如果现金流是基于预测的价值和**成本**，则**应该**考虑到这些预测被证明不准确的风险，并在**折现率**中体现。

110. 现存资产

110.01 在对开发性不动产进行**评估**时，有必要确定相关不动产是否适合拟议的开发。有些事项可能在**评估师**的知识和经验范围内，但有些事项可能需要从其他**专家**处获取信息或报告。在开发项目启动前对开发性不动产进行**评估**时，通常需要考虑进行的具体调查事项包括：

（a）拟议的开发项目是否有市场；

IVS 410 开发性不动产

（b）拟议的开发项目在当前市场上是否是该不动产的最高最佳用途；

（c）是否需要考虑其他非财务类义务（政治的、环境的或社会的标准）；

（d）法律许可或规划，包括开发许可的条件或限制；

（e）由私人合约对相关权益施加的限制、产权负担或条件；

（f）通向公共道路或其他公共领域的权利；

（g）地质条件，包括受到污染的可能性或其他环境风险；

（h）提供或改进的必要服务的可用性和要求，例如供水、排水、污水处理和电力供给；

（i）任何场外基础设施改进的需求和承担该工作要求的权利；

（j）任何考古限制或考古调查的需要；

（k）可持续性和**客户**对绿色建筑的要求；

（l）开发期间的经济状况和趋势及其对**成本**和收入的潜在影响；

（m）未来拟议用途的当前和预计供需情况；

（n）融资的可用性及其**成本**；

（o）处理开工前准备事项的预期时间、完工的预期时间，以及出租或售出不动产的预期时间（如果适用）；

（p）任何与拟议开发相关的其他风险。

110.02　如果项目正在进行中，通常需要对项目设计、施工和工程监理的现有合同进行补充询问和调查。

120. 数据和输入

120.01　根据"IVS 104 **数据和输入**"，**评估师必须**尽可能最大限度地利用相关和**可观测数据**的特征。

120.02　除"IVS 104 **数据和输入**"中的要求外，开发性不动产评估的可比依据**应该**遵循以下优先等级：

（a）直接可比依据；

（b）间接可比依据；

（c）一般市场数据；

（d）其他来源。

120.03 在应用可比依据的优先等级时，**评估师必须**确保充分应用"IVS 104 **数据和输入**"中包含的适用**数据**和**输入**的特征。

120.04 选取的**输入必须**与评估**资产**和/或**负债**的**评估模型**一致（见"IVS 104 **数据和输入**"）。

120.05 **必须**对**输入**的选取、来源和使用，进行解释、论证和记录。

120.06 与**资产**价值相关的**重要** ESG 因素**应该**作为**数据**和**输入**选取过程中的一部分予以考虑。

130. 评估模型

130.01 根据"IVS 105 **评估模型**"，**评估师必须**尽可能最大限度地利用适用**评估模型**的特征。

130.02 **评估模型必须**适用于**评估**的**预期用途**，并与合适的**输入**保持一致。

140. 档案和报告

140.01 除"IVS 106 **档案和报告**"第 30 节的最低要求外，开发性不动产的评估报告内容**必须**包括所确定工作范围涉及的所有事项的适当考量（见"IVS 101 **工作范围**"）。报告中还**必须**包含排除在实际或假设的交易情景之外的、各种相关的**有形资产**和**无形资产**对报告**价值**影响的说明。

140.02 此外，除"IVS 106 **档案和报告**"第 40 节的要求外，**必须**为**评估复核**出具**评估复核**报告，且**评估复核**报告**必须**说明该复核是**评估过程复核**还是**价值复核**。

150. 担保贷款的特殊考量

150.01 担保贷款的适当**价值类型**通常是**市场价值**。然而，在考虑开发性不动产的**价值**时，**应该**考虑到任何现有合同（如建筑合同或已完工项目的出售或租赁合同）在合同任何一方正式破产时变成无效或可被申请无效的可能性。还**应该**进一步关注任何可能对**市场价值**产生重大影响的合同义务。因此，在借款人违约的情况下，适当的做法**应该**是向出借人强调风险，即不动产的潜在买方无法从现有建筑合同和/或预先租约、预售合同及任何相关担保和保证中获得利益的风险。

150.02 为提示对用于担保贷款或其他**预期用途**的开发性不动产评估项目涉及风险的上升，**评估师应该**对每个**评估**项目至少采用两种适当且公认的方法对开发性不动产进行评估，因为在这一评估领域经常存在"没有充分的事实或可观测**输入**使单一方法产生可靠评估结论"的情况（见"IVS 103 **评估途径**"10.05 段）。

150.03 **评估师必须**能够证明报告中**评估途径**的选择是合理的，且**应该**为开发性不动产提供"按现状"（现有开发阶段）和"按计划"（已完成开发）的**价值**（见"IVS 400 **不动产权益**"），并记录采取的程序和形成报告**价值**的理由（见"IVS 106 **档案和报告**"第 30 节）。

国际评估准则

IVS 500 金融工具

| IVS 200 企业和企业权益 | IVS 210 无形资产 | IVS 220 非金融负债 | IVS 230 存货 | IVS 300 厂房、设备和基础设施 | IVS 400 不动产权益 | IVS 410 开发性不动产 | IVS 500 金融工具 |

内容	节
目标	10
范围	20
金融工具评估	30
数据和输入概述	40
金融工具数据和输入的特征	50
输入选取	60
数据和输入使用	70
数据和输入档案	80
评估模型概述	90
适当评估模型的特征	100
评估模型选取	110
评估模型测试	120
评估模型档案	130
质量控制概述	140
适用质量控制的特征	150
质量控制应用	160
复核和质疑	170
评估控制框架	180
评估模型使用	190
档案	200

IVS 500 金融工具

10. 目标

10.01 基本准则中包含的原则适用于金融工具的**评估**。本准则包括关于基本准则如何在**数据**和**输入**、**评估方法**和**评估模型**、质量控制方面应用于金融工具**评估**的附加要求或具体示例。

20. 范围

20.01 本资产准则**必须**用于（包括但不限于）以财务、税务或监管报告为目的的所有金融工具**评估**。

30. 金融工具评估

30.01 评估金融工具有多种途径。在某些情况下，金融工具的**价值**是可观测的，并且基于已公开发布的确切证券交易可随时获得。在其他情况下，**价值**则根据**输入**和调整的不同观测程度使用行业标准模型进行确定。对于较为复杂或流动性较差的产品，可能需要定制模型或使用内部开发的**输入**或假设对价值进行确定。在确定**价值**时，可能需要在**数据**和**输入**、**评估模型**及质量控制等方面进行**专业判断**。根据被评估金融工具的性质及**评估**的频率和复杂程度，**评估师**可以实施一系列使用系统映射和**数据**馈送的高度自动化流程，也可以实施其他高度依赖人工和主观判断的流程。

30.02 **评估师必须**运用**专业判断**来确定与工作范围和**预期用途**相符的**价值**而开展的工作的性质和程度。**评估师必须**设计、实施和执行包括质量控制在内的**评估流程**，从而恰当处理被评估金融工具的特征、**数据**、**评估模型**及评估该金融工具所需的其他基础设施。在实施该流程时，**评估师必须**了解被评估金融工具的合同、结构和业绩特征，以及在**评估基准日**金融工具的流动性和其他可能影响**价值**的市场和经济环境信息，如法律或监管因素。

30.03 在金融工具**评估**中存在**评估风险**。因此，在**评估**的全过程中，**必须**建立能够评价和管理**评估风险**的程序和质量控制措施，以确保**价值**符合**预期用途**。在**评估**的设计、实施或执行过程中发现的任何**重大评估风险**，都**必须**采取质量控制措施进行应对，并**应该**有适当程度的复核和质疑。

30.04 如果**评估师**不具备开展评估各方面所必要的技术能力、经验、**数据**、模型或知识，则**评估师应该**在经客户同意并向客户披露后，向**专家**或**服务机构**寻求帮助。

30.05 **评估师**可能将**评估**的某些工作委托给其所在机构内或所在机构外的**专家**或**服务机构**。在该情况下开展**评估**时，**评估师必须**将拟开展评估的性质告知上述相关方。为确保**价值**遵循 IVS，**评估师必须**确认上述参与方以符合 IVS 的方式履行了其特定工作程序，或为遵循 IVS 履行了额外程序。

30.06 作为**评估**的一部分，**必须**建立质量控制程序。质量控制**应该**包括一定程度的复核和质疑。复核和质疑**应该**在**评估**和确定**价值**的过程中对实施的流程和作出的判断进行评价，也包括对**专家**或**服务机构**所做工作的复核。在进行复核和质疑时，该流程**应该**由具备相应能力和经验的人员或职能团队实施。

40. 数据和输入概述

40.01 本节是对"IVS 104 **数据和输入**"作出的补充，增加了与金融工具有关的更多细节。

40.02 在设定用于金融工具**评估**的**输入**时，使用了广泛的**数据**、假设和调整。确定**价值**的**输入**源自**数据**以及假设和调整。

40.03 **数据**、假设和调整**应该**基于可获得的事实信息。**评估应该**使用**可观测数据**，如公开**价格**和收益率，但也可能需要使用假设和调整。

40.04 **评估师**在设定**输入**时，**必须**清楚理解相关**数据**、假设和调整的特点。

IVS 500 金融工具

40.05 **评估师有责任**基于**专业判断**和**职业怀疑**，评价和选择作为**评估输入**的相关**数据**、假设和调整。**评估师必须**确定所选**数据**具有相关性，在"IVS 500 **金融工具**"中是指"适用于"被评估**资产**和/或**负债**、工作范围、**评估方法**或是**预期用途**。

40.06 在直接相关**数据**无法获取而使用替代数据的情况下，**评估师必须**根据**专业判断**评价用作替代数据的各种工具与被评估**资产**和/或**负债**具有充分可比性。

40.07 无论是**数据**、假设还是制定**输入**的调整，均可通过利用**专家**或**服务机构**获得。但是，**评估师**对选取适用**评估**的**输入**负有最终责任。

40.08 为确保**评估**中**数据**、假设和调整的选取及最终使用的**输入**，与根据工作范围、**评估方法**和**预期用途**对**资产**和/或**负债**进行评估具有相关性，**必须**实施流程和质量控制措施。该流程和质量控制措施**应该**被记录归档。

40.09 **必须**由具备相应经验的人员负责识别和确保**评估**的方案设计、实施和执行过程中纳入适当的**数据**、假设和调整。

40.10 为使**评估**得到符合**预期用途**的**价值**，**评估必须**使用与金融工具**评估途径**相关的**输入**。

40.11 **数据**、假设、调整和**输入**的使用本身就存在**评估风险**。**评估风险**可能由以下原因产生：

（a）使用不适当的**数据**、假设、调整或**输入**；

（b）错误地应用了**数据**、假设、调整或**输入**。

数据、假设、调整和**输入**的**评估风险**主要分为两类：一类是明显的和操作层面的风险，另一类通常是与**评估师**所作假设相关联的风险。在设定**输入**时，应该降低任何重大评估风险。

50. 金融工具数据和输入的特征

50.01 对相关**数据**和**输入**的识别和选取及其恰当应用是**评估**

中的重要环节，以确保获得与工作范围和**预期用途**相匹配的**价值**。

50.02 为选取用于**评估**的**输入**，**评估师必须**运用**专业判断**平衡以下相关**数据**的特征，相关数据的特征如下：

（a）准确性：**数据**不存在错误和偏差，能反映其用于衡量的特征；

（b）完整性：**数据**集合足以反映**资产**和/或**负债**的属性；

（c）及时性：**数据**能反映**评估基准日**的市场状况；

（d）透明性：**数据**来源可追溯。

50.03 在某些情况下，**数据**可能无法具备所有上述特征。因此，**评估师必须**评价**数据**并基于**专业判断**得出结论，即**数据**（包括任何假设或调整）与根据工作范围、**评估方法**、**评估模型**和**预期用途**对**资产**和/或**负债**进行评估具有相关性的结论。

60. 输入选取

60.01 在实施**评估**和确定**价值**结论时，**评估师**有责任对用于形成**输入**的**数据**、假设和调整进行评价。**评估师必须**熟悉市场惯例，以便能够确定在**评估基准日**用于形成**输入**的**数据**、假设和调整的适当性。**必须**熟悉如报价、价差或收益率、浮动值或基点值等市场常用信息及各种现金流假设，并且将其恰当地纳入**评估**。

60.02 **评估师必须**识别和评价用于形成**输入**的**数据**、假设和调整的信息来源，以确定任何限制或偏差。这包括从内部获取和从外部服务机构和专家获得的**数据**和**输入**。

60.03 **必须**根据被评估**资产**和/或**负债**、工作范围、**评估方法**、**评估模型**和**预期用途**，从相关**数据**、假设和调整中选取**输入**。

60.04 基于**评估师**的**专业判断**，用于评估**资产**和/或**负债**的**评估模型必须**有足够的**输入**。

60.05 在**评估师**确定获取信息所需工作时，**必须**考虑**数据**、假设、调整或**输入**对**评估**和**价值**结论是否**重要**，包括所使用的任何替代数据的相关性。

60.06 在**评估师**无法设定"适合使用"的**重要输入**时，**评估师应该**寻求其他方法进行**评估**，或在符合**预期用途**的前提下考虑其他方法的功能。

60.07 当评估相似**资产**和/或**负债**组成的投资组合或资产组时，**评估师应该**判断**输入**是否在投资组合或资产组中保持适当一致。

60.08 如果**评估**随时间推移经常性开展，并且某些**数据**、假设、调整和**输入**在一段时间内可能被再次收集和使用，在任何**评估基准日**都**必须**重新评价这些**数据**、假设、调整和**输入**是否仍然合适。

60.09 如果**重要输入**不充分或者无法充分证明其合理性，则该**评估**没有遵循 IVS。

70. 数据和输入使用

70.01 **评估师必须**确定在**评估基准日**的**数据**、假设、调整和**输入**符合**预期用途**。因此，**评估师必须**对用于**评估**的**数据**、假设、调整和**输入**实施质量控制程序。这些程序**必须**考虑任何与**数据**和质量控制相关的**重大评估风险**。一系列程序可能包括但不限于通过与权威数据来源比较进行定量测试，对**数据**来源或**输入**来源、数据缺口进行定性或定量测试，识别异常因素或执行找出**数据**变化与评估结果变化对应关系的因素归因分析。

70.02 **评估师**在决定实施质量控制所需工作时，**必须**考虑**数据**、假设、调整或**输入**对**评估**和**价值**结论是否**重要**。

70.03 **评估师必须**确保对**数据**、假设、调整和**输入**的质量控制贯穿整个**评估**过程。这包括从内部获取和从外部**服务机构**和**专家**处获得的**数据**、假设、调整和**输入**。

70.04 **评估师应该使用与评估基准日**尽可能同期的**数据**和**输入**。

因此，**评估师必须**设计并实施质量控制，以评价**数据**的及时性及删除过时**数据**：

（a）在缺乏及时**数据**的情况下，**评估师应该**考虑那些可以合理被认为是近似及时**数据**的**数据**。例如，**评估师**通过**专业判断**决定哪些是**评估基准日**的最佳替代数据。

（b）如果**数据**、假设、调整或**输入**不是**评估基准日**的，**评估师必须**评价其适用性，以及是否需要进行额外的质量控制。例如，历史**数据**可能适合为特定金融工具设定**输入**。**评估师应该**评价该**数据**是否与**预期用途**相关。

（c）对于经常性**评估**，**评估师必须**重新评估在任何**评估基准日**的**数据**、假设、调整或**输入**是否仍继续适用。并不存在一个可以确定**数据**、假设、调整或**输入**可能不再适用的统一时间框架，因为这将取决于所使用的**数据**及其推导和用于**评估**时的市场状况。对于替代数据，**应该**评价其相似程度是否仍然有效。

70.05　在评估过程中，由于**数据**、假设、调整和**输入**可由各方提供或使用，**必须**由具备相应经验的人员负责识别并确保这些**数据**要素在**评估**中得到适当体现。**数据**、假设、调整和**输入**一旦被确定是适用的，除非经过严格的质量控制流程，否则不**应该**更改和修正。如果**评估师**使用了更改的**数据**集合，则**应该**保留原始**数据**、假设、调整和**输入**用于比较。

80. 数据和输入档案

80.01　**评估师必须**对**评估**中使用的**重要数据**、假设、调整和**输入**的整体质量的结论依据进行记录归档。该档案**必须**包括信息来源、应用步骤，以及**评估师**决定使用这些**数据**、假设、调整和**输入**的原因。此外，档案**应该**包括任何相关质量控制实施情况的描述。

80.02　档案**必须**足够详尽，以使其他**评估师**运用**专业判断**能够了解**评估**的范围、所开展的工作及得出的结论。

80.03 关于复核和质疑职能的程序，**应该**进行记录归档，以使其他**评估师**能够对已开展工作的进度和作出结论的依据进行评价。

80.04 对于经常性**评估**，**评估师必须**对所使用的**重要数据**、**假设**、**调整**和**输入**的依据进行解释和记录归档，包括发生的**重大**变化及其适用的原因。

90. 评估模型概述

90.01 本节是对"IVS 105 **评估模型**"作出的补充，增加了与金融工具有关的更多细节。

90.02 本准则本节的目标是对**评估**中适当选择和使用模型作出相关要求。

90.03 **评估模型**是将全部或部分的方法进行量化实施，从而将**输入**转化为用于确定**价值**的输出。

90.04 **评估模型**可能依赖其他**评估模型**得到其**输入**或调整其输出。

90.05 **评估模型**可以通过内部开发或从外部**专家**或**服务机构**获取。

90.06 **必须**由具备相应经验的人员负责开发、实施、测试及使用**评估模型**。

100. 适当评估模型的特征

100.01 为使**评估**产生的**价值**符合**预期用途**，**评估必须**使用适合金融工具评估途径的**评估模型**。

100.02 **评估师必须**确定**评估模型**是适当的，这在"IVS 500 金融工具"中是指"适用于"被评估**资产**和/或**负债**、工作范围和**评估方法**。

100.03 **评估师必须**根据**专业判断**平衡以下**评估模型**的特征：

（a）准确性：**评估模型**无错误，且其功能与**评估**目标相符。

（b）完整性：用于确定**价值**的**评估模型**考虑了**资产**和/或**负债**的所有特征。

（c）及时性：**评估模型**反映了**评估基准日**的市场状况。

（d）透明性：所有设计和使用**评估模型**的人员**必须**理解**评估模型**的工作原理和其固有局限。

100.04 在某些情况下，**评估模型**可能无法包括上述所有特征。因此，**评估师必须**根据工作范围、**评估方法**和**预期用途**对**评估模型**是否适用于被评估**资产**和/或**负债**作出评价和结论。

110. 评估模型选取

110.01 为**预期用途**选择**评估模型**的过程涉及**专业判断**。**评估模型**存在出现错误的可能性，因此有必要围绕**评估模型**的建立制定完善和全面的流程（见"IVS 105 **评估模型**"第40节）：

（a）选择适用的**评估模型**应该包括以下流程：

（i）设计、建立和实施：确定适当的**评估途径**和技术。

（ii）根据市场状况（即近期的交易或报价）进行测试和校准：确保其实施符合**预期用途**。

（iii）记录归档：对整个模型研发过程所采取的政策和程序进行记录归档，并确保与**评估预期用途**和任何限制或调整保持一致。

（b）当依赖**专家**或**服务机构**开发的**评估模型**时，**应该**建立相应流程，对这些模型进行与内部开发模型相似的评价。

120. 评估模型测试

120.01 **评估模型**在使用前**必须**进行测试。对**评估模型**进行测试，是确定其各组成部分及其整体功能是否按照预期运行的不可或缺的环节。测试内容**必须**包括：

IVS 500 金融工具

（a）是否符合**预期用途**；

（b）**评估模型**使用的**输入**是否适当；

（c）计算的准确性；

（d）运行的准确性（即**数据链接**等）；

（e）稳定性（模型输出对各类**输入**的反馈是否适当，是否存在任何限制）。

120.02 测试和分析的性质将取决于**评估模型**的类型和被评估的金融工具。可能需要进行多种测试来建立一个适用的**评估模型**。如果**评估模型**测试表明**评估模型**不适用于**预期用途**，则**必须**对**评估模型**进行补救或弃用。

120.03 因为**评估模型**是基于简化和假设建立的，所以**评估师必须**了解其能力和局限性。部分局限性来自**评估模型**的缺陷、取近似值及不确定性。局限性也由**评估模型**的假设造成，这些假设可能会将**评估模型**的使用范围限制在特定环境和情景中。

120.04 应该通过测试评价**评估模型**的潜在局限性和其在一系列**输入**条件下的运行情况。测试还**必须**评价假设的影响，并确定**评估模型**不符合其**预期用途**或不具有可靠性的情形。测试**必须**在各种市场状况下进行，包括超出正常预期范围的情形。**必须**分析极端情形，以确定**评估模型**有效性的边界。

120.05 适用的**评估模型必须**有支持**重要**建模选择的书面依据，包括**评估方法**、评估建模假设、**输入**和具体的数学计算。作为这一过程的一部分，应该通过评价**评估模型**的质量和范围并在必要时进行额外的分析和测试，对**评估模型**的**重要输入**进行分析。以下是围绕评价概念合理性的核心验证过程：

（a）评价**评估模型**是否符合工作范围和**预期用途**；

（b）将采用的**评估方法**与替代理论和途径进行比较；

（c）**必须**评价建模假设，分析其对**评估模型**输出和局限性的影响；

(d) 必须评价**评估模型**使用的**数据**、假设、调整和**输入**的相关性和可靠性。

120.06 如果测试显示**评估模型**可能不准确或不稳定,则**必须**制定相应政策要求对**评估模型**进行调整,对模型的使用施加限制、替换或弃用。

120.07 **必须**对**评估模型**中使用的定性信息和**专业判断**进行评价,包括逻辑、建模假设和**输入**类型,以确定**评估模型**的概念合理性,并为其使用设定适当条件。验证过程**必须**确保以适当的、系统的方式,对定性和**专业判断**进行评价,提供支持和记录归档。

120.08 需要一个监控流程对适用的**评估模型**进行维护,其中包括由合格和客观的审核人员进行定期复核,复核程度应该与持续使用**评估模型**所涉及的**评估风险**水平相适应。

120.09 **应该**制定能对任何在监控过程中发现的缺陷作出响应的程序。

120.10 对于长期或反复使用的**评估模型**,**必须**进行定期监控,以评价其是否持续符合**预期用途**。

120.11 **必须**定期进行持续监控,其频率应该与模型使用的性质、新的**数据**或建模方法的可用性、市场环境的变化以及涉及**评估风险**的程度相适应。

120.12 **必须**建立对适用**评估模型**关键特征的维护情况进行监控的流程,包括:

(a) 持续审核适当性;

(b) 持续审核准确性;

(c) 持续审核透明度。

120.13 任何持续的监控都**应该**包括作为初始**评估模型**建立流程一部分所采用的大量测试:

(a) 运行准确性:**必须**进行流程验证检查,确保所有**评估模型**的组成部分按照设计运行,并持续运行准确。还**必须**进行评价**评估**

模型耐用性和稳定性的测试。

（b）**输入验证**：**必须**建立流程验证所有**评估模型**的**输入**是否保持完整、合理和准确，并持续呈现可用的最高质量。

（c）模型控制：**评估模型必须**受变更控制程序的约束，以确保模型逻辑的正确。变更控制程序**应该**涉及变更申请的审批要求、变更的记录和后续验证。**应该**对（影响**评估模型输入**或输出的）模型重写进行监测和评价，以确定其是否有效并被恰当地记录归档。需要对模型重写进行跟踪和分析，以评价其对模型性能的影响。某些模型重写可能会暴露**评估模型**未按预期运行或存在局限性的问题。

120.14 通过持续的监测流程对初始**评估模型**开发参数和环境变化所造成的影响进行评价。**必须**对**评估模型**进行评价，以确定是否需要基于金融工具本身、**评估预期用途**或市场状况变化对**评估模型**进行调整、重建或更换。

120.15 持续的监测流程还**应该**考虑新出现的信息，特别是在初始**评估模型**开发过程中无法获取的信息。新的实践依据或理论研究可能表明需要对最初的方法进行调整或甚至替换。

120.16 在开发过程中发现的**评估模型**的任何局限性和敏感性**必须**作为持续监测的一部分进行定期评价。如果已知**评估模型**仅适用于特定范围的**输入**、市场状况或其他因素，则**必须**通过监测识别其接近或超出这些限制的情况。作为持续监测流程的一部分，根据基准信息的可获得性，将某给定**评估模型**的输出与其他内部或外部模型的估算结果进行比较可能是合适的。**应该**对**评估模型**输出与基准值之间的差异开展针对差异来源和程度的调查，并根据比较的性质检查差异是否在预期或适当合理的范围之内。基准值分析的结果可能建议对**评估模型**进行调整；然而，差异并不意味着**评估模型必**然有误。基准值本身就是一种替代预测，差异可能是使用的**数据**或方法不同造成的。相反，如果**评估模型**与基准值匹配良好，则可以作为有利于**评估模型**的依据。

120.17 如果在质量控制的某个过程（包括审核和质疑环节）中，发现**评估模型**存在**重大缺陷**，则得到的**价值**结论没有遵循 IVS。

130. 评估模型档案

130.01 档案**应该**足以提供**评估**记录，并包括对得出的评估结论进行描述的充分信息，以便**评估师**运用**专业判断**能够了解和复核**评估**（见"IVS 105 评估模型"第 50 节）。

130.02 **应该**对**评估模型**的**重要输入**记录归档，包括模型设计、建立，实施和测试的细节。

130.03 **评估师必须**根据**预期用途**对所有相关的**评估**信息记录归档，包括会计、法律和监管要求，并确认**应该**包含的证据具有**专业判断**。

130.04 档案**应该**足够详尽，以便如**评估模型**使用者等不熟悉**评估模型**的各方，也能够理解**评估模型**的运行方式、局限性及关键假设。

130.05 一个适当的**评估模型必须**包括以下档案信息：

（a）评估方法的选择过程，包括理论方法和支持性研究及对替代方法的评价；

（b）**评估模型**的设计和公式；

（c）**评估模型**固有的限制性假设和条件；

（d）**输入**的选取过程；

（e）判断性假设的性质及合理性；

（f）**评估模型**的测试程序和结果；

（g）验证的程序和结果（如有），及何时**应该**重新进行验证；

（h）**评估模型**的局限性，以及对局限性的处理；

（i）结论和资质证明（如有）。

140. 质量控制概述

140.01 本质量控制章节是对"IVS 100 **评估框架**"第 30 节的补充,增加了与金融工具有关的更多细节。

140.02 质量控制是确保**评估**符合 IVS 的程序。质量控制流程的内容和范围取决于**预期用途**、**预期使用者**、被评估**资产**和/或**负债**的特性和**评估**的复杂程度。

140.03 质量控制可能是自动和/或手动,可能包括但不限于**数据**复核、**评估模型**验证、独立重新计算、回溯测试,以及事实核查。

140.04 质量控制**必须**以适当的方式进行设计和实施,以确保**评估**过程的完整性和诚信性,以及**价值**结论对于**预期用途**的适当性。

140.05 质量控制**必须**被恰当地记录归档。档案**必须**充分详尽,以便**评估师**运用**专业判断**能了解质量控制的范围、工作完成情况和得出的结论。

140.06 对于经常性**评估**,**必须**定期对质量控制进行评价,以确保**评估基准日**控制环境的诚信性和完整性是适当的。复核流程**必须**被记录归档。

140.07 **评估师**可能将质量控制流程的实施委托给他人(如**服务机构**或**专家**),但不能免除自身对**评估**和**价值**的责任。

140.08 质量控制**应该**包括一定程度的复核和质疑。

150. 适用质量控制的特征

150.01 在选择和实施质量控制流程时,**必须**关注以下内容:

(a) 完整性:**评估**得出的**价值**足以反映被评估**资产**和/或**负债**的特性。

(b) 有效性:成功得出遵循 IVS 的**价值**。

国际评估准则

（c）透明性：提供**评估**工作记录，并包括所得出评估结论的足够描述信息，使**评估师**运用**专业判断**能够理解和复核**评估**。

160. 质量控制应用

160.01 **必须**设计和实施质量控制，确保**评估**以遵循 IVS 的方式开展。

160.02 为实现该目标，质量控制**应该**确保以下内容在**评估基准日**得到控制：

（a）被评估的金融工具数量的完整性；

（b）被评估的金融工具的准确性，以及进行**评估**所需的充分细节描述；

（c）质量控制的实施过程覆盖：

  （i）**数据**、假设、调整和**输入**；

  （ii）用于确定**价值**的模型的选择；

  （iii）既定流程的人工或其他干预；

  （iv）关于**评估**过程和**价值**结论的沟通和记录归档。

160.03 对于涉及委托其他**专家**或**服务机构**实施的**评估**，**评估师必须**了解和评价其作用和责任、所开展的工作及工作结果。

160.04 由于金融工具和评估环境会随时间推移而发生变化，在任何**评估基准日都应该**重新评价质量控制流程。

170. 复核和质疑

170.01 复核和质疑是对**评估**或**价值**的独立评价，与**评估师**无关。在进行**评估**时，**应该**开展复核和质疑，以评价**评估师**在整个**评估**过程中所作决策的合理性，并确保其遵循 IVS。

170.02 **应该**对模型进行独立验证，评价所选**评估模型**是否符合设计目标和**预期用途**，是否已识别出**评估模型**的限制，以及是否已理解限制对**价值**的影响。

IVS 500 金融工具

170.03 验证过程**应该**由充分具备被评估金融工具相关知识、技能和专业能力的个人或多人实施。此外，这些人员**应该**具备有效质疑**评估模型**的权威。

170.04 验证流程的范围和严谨程度**应该**与**评估模型**的**预期用途**相匹配。具体实施的测试和其频率根据实际具体情况而定，**必须**作为整体**评估**工作的一部分给予定义和适当设定。

170.05 对于预计持续使用的**评估模型**，验证过程应该在**评估模型**持续使用期间定期开展。

170.06 验证流程和结果**必须**被记录归档，并向**评估师**和模型使用者及时公开。

170.07 第三方**评估模型**的验证流程和结果**必须**被记录归档，并向**评估师**和模型使用者及时公开。

180. 评估控制框架

180.01 对于更复杂或涉及多人或多个流程的**评估**，**必须**对职责分工进行记录归档，以确保通过制定评估控制框架，明确执行评估所有组成部分的责任。

180.02 评估控制框架**应该**包括以下内容：

（a）明确各方在**评估**中的作用和责任；

（b）明确责任方，包括质量控制、复核和质疑，并确认责任方具备正确和足够的能力和资源履行其职责；

（c）评估的评价、提升和补救程序；

（d）**评估**相关的**评估风险**类型和程度；

（e）对于每种金融工具，直接识别或定义以下各项的属性：

（i）**数据**和**输入**；

（ii）**评估模型**；

（iii）**评估**全过程档案的要求；

（iv）**评估**的时间表和频率。

180.03 **评估师**可能委托他人（如**服务机构**或**专家**）实施评估过程，在评估控制框架中**应该**考虑这种做法的影响。

180.04 对于经常性评估，**应该**对评估控制框架进行复核和更新，以确保其持续具有相关性。

190. 评估执行

190.01 **必须**建立一个流程，以确保通过正确使用**输入**和**评估模型**得到符合**预期用途**的**价值**。正确使用**应该**包括理解建立、使用**输入**和**评估模型**的过程，以及伴随产生的任何限制、不确定性或误差。

190.02 **必须**建立一个流程对**评估**是否符合工作范围和**价值**的**预期用途**进行评价。

190.03 **必须**对限制、不确定性或误差进行评价，以确定得出的**价值**是否符合**评估预期用途**。

190.04 **评估**期间**必须**进行校准。校准是将**评估模型**的输出与实际观测到的结果或预期结果进行比较。实际结果可包括在二级市场交易中观测到的**价格**或发行时观测到的**价格**。预期结果可能由与默认评估度量或替代**评估模型**得出**价值**相比较所形成的预期合理范围的**价值**组成。预期结果也可能包括**专业判断**，以确认所产生的**价值**是否合理。

190.05 在评价校准分析时，**应该**使用各种定量和定性测试和分析技术。测试**应该**基于**评估模型**的方法、复杂程度，数据的可获取程度及与**评估**有关的**评估风险**。**应该**针对每种情形设计测试，因为并非所有的测试在每种情形下都有效可行。

190.06 如果分析结果表明存在不适用的**输入**或**评估模型**性能，**必须**采取行动解决问题，并了解产生差异的原因和补救方法。

200. 档案

200.01 评估档案**必须**能充分地描述所实施的质量控制,包括复核和质疑(如有)。档案**必须**包括足够的细节,以便**评估师**运用**专业判断**认为质量控制是合理的。

200.02 如果在包括复核和质疑环节的质量控制过程中发现问题,则**应该**对发现的问题、制定的偏差及所采取的行动记录归档。

200.03 对于经常性**评估**,**必须**定期复核和更新档案,以确保其能持续符合目标。此外,在金融工具或其环境发生**重大**变化时**必须**进行复核。

索　引

Index	原文页码	
A		**A**
allocation of value		价值分摊
bases of value	23	价值类型
Plant, equipment and infrastructure	121	厂房、设备和基础设施
real property interests	126	不动产权益
amortisation		摊销
goodwill	91	商誉
Asset Standards		资产准则
see under International Valuation Standards		见国际评估准则词条
assumptions		假设
see also special assumptions		同见特殊假设
bases of value	22	价值类型
development property	134	开发性不动产
financial instruments	147-148	金融工具
non-financial liabilities	99	非金融负债
plant, equipment and infrastructure	113	厂房、设备和基础设施
attrition	90	流失
automated valuation model (AVM)	56	自动评估模型（AVM）
definition	8	定义
B		**B**
bases of value		价值类型
see also premises of value		同见
allocation of value	23, 121, 126	价值前提

索　引

assumptions	22	假设
businesses and business interests	64–65	企业和企业权益
development property	133–134	开发性不动产
entity – specific factors	21, 27, 78	实体特有因素
equitable value	27	公平价值
fair value IFRS 13	28	国际财务报告准则第13号——公允价值
intangible assets	78	无形资产
inventory	103	存货
investment value	27	投资价值
IVS – defined	20–21, 24–28	IVS 定义的
liquidation value	28	清算价值
plant, equipment and infrastructure	114–115	厂房、设备和基础设施
market rent	26–27	市场租金
market value	24–26	市场价值
meaning	19–20	意义
non – financial liabilities	94	非金融负债
organisations other than IVSC	21, 28, 78	IVSC 以外的组织
plant, equipment and infrastructure	114–115	厂房、设备和基础设施
allocation of value	121	价值分摊
real property interests	125–126	不动产权益
special assumptions	22–23	特殊假设
synergies	22	协同效应
synergistic value	27–28	协同价值
transaction costs	23	交易成本
valuation date	20	评估基准日
Black – Scholes option pricing model	74	布莱克—舒尔斯期权定价模型
blockage discounts	40	大宗交易折价
bottom – up method	97–98	自下而上法
inventory	106–107	存货
brands	77, 78	品牌
business information	69–70	企业信息

businesses and business interest	63 – 75	企业和企业权益
see also debt and equity valuation		同见债务和权益评估
bases of value	64 – 65	价值类型
business information	69 – 70	企业信息
capital structure	71 – 75	资本结构
cash flow	66 – 67	现金流
cost approach	68	成本途径
data and inputs	65	数据和输入
economic and industry factors	70	经济和行业因素
income approach	66 – 67	收益途径
market approach	65 – 66	市场途径
operating and non – operating assets	70 – 71	经营性和非经营性资产
ownership rights	68 – 69	所有者权益
special considerations	68 – 75	特殊考量
valuation approaches and methods	65 – 68	评估途径和方法

C

C

capital structure	71 – 75	资本结构
cash flow		现金流
businesses and business interests	66 – 67	企业和企业权益
income approach method	41 – 42, 127 – 128	收益途径的方法
cash flow forecasts		现金流预测
discount rate	45 – 47, 127 – 128	折现率
income approach method	43 – 44	收益途径的方法
non – financial liabilities	99 – 101	非金融负债
comparable transactions method	36 – 38	交易案例比较法
competency	13	胜任能力
compliance	13 – 15	遵循
constant growth model	45	固定增长模型

索　引

construction costs	138 – 139	建造成本
consultants' fees	139	咨询费用
contract rent	26	合同租金
real property interests	130	不动产权益
contributory asset charges（CACs）	82	贡献资产的贡献（CACs）
control premiums	40	控制权溢价
cost approach	35	成本途径
see also cost approach methods		同见成本途径的方法
businesses and business interests	68	企业和企业权益
intangible assets	87 – 88	无形资产
inventory	107	存货
non – financial liabilities	98	非金融负债
plant, equipment and infrastructure	118 – 120	厂房、设备和基础设施
real property interests	128	不动产权益
cost approach methods	48 – 51	成本途径的方法
cost considerations	49 – 50	成本考量
cost – to – capacity method	119	成本产能法
current replacement cost method	107	现行更新重置成本法
depreciation	50 – 51	折旧
inventory	107	存货
obsolescence	50 – 51, 128	贬值
plant, equipment and infrastructure	119 – 120	厂房、设备和基础设施
replacement cost	48	重置成本
intangible assets	87 – 88	无形资产
real property interests	128	不动产权益
reproduction cost	48	复原重置成本
summation method	49	资产加和法
trending method	119 – 120	趋势法
underlying asset method	49	资产基础法
currency		货币

· 195 ·

国际评估准则

income approach method	41－42	收益途径的方法
current replacement cost method（CRCM）	107	现行更新重置成本法（CRCM）
current use	29	现状用途
current value method（CVM）	73	现行价值法

D

			D
data and inputs		52－55	数据和输入
businesses and business interests		65	企业和企业权益
comparable evidence		120，128－9，143	可比依据
development property		143	开发性不动产
documentation		53，150	档案
environmental, social and governance（ESG）factors		54－55	环境、社会和公司治理（ESG）因素
financial instruments		147－150	金融工具
characteristics for		148	特征
documentation		150	档案
selecting inputs		148－149	选取输入
using data and inputs		149－150	使用数据和输入
input selection		53	输入选取
plant, equipment and infrastructure		120	厂房、设备和基础设施
real property interests		128－129	不动产权益
relevance		53	相关性
use of specialist or service organisation		52	利用专家或服务机构
date			日期
International Valuation Standards effective date		15	国际评估准则生效日期
valuation date		20	评估基准日
DCF see discounted cash flow			DCF 见现金流折现
debt and equity valuation		71－75	债务和权益评估
current value method（CVM）		73	现行价值法（CVM）
option pricing method（OPM）		73－75	期权定价法（OPM）

索　引

probability – weighted expected return method（PWERM）	75	概率加权期望收益法（PWERM）
depreciation	50–51	折旧
development profit	140–141	开发利润
development property	131–144	开发性不动产
assumptions	134	假设
bases of value	133–134	价值类型
comparable evidence	143	可比依据
completed property value	137–138	已完工不动产价值
construction costs	138–139	建造成本
consultants' fees	139	咨询费用
data and inputs	143	数据和输入
definition	131–132	定义
development profit	140–141	开发利润
discount rate	141–142	折现率
documentation	143	档案
finance costs	140	财务费用
income approach	136	收益途径
investigation into existing asset	142	调查现存资产
market approach	135	市场途径
marketing costs	139	营销成本
residual method	136–142	剩余法
scope of work	133	工作范围
secured lending	143–144	担保贷款
special assumptions	134	特殊假设
statutory fees	139	法定费用
timetable	139–140	开发周期
valuation approaches and methods	135–142	评估途径和方法
valuation framework	133	评估框架
valuation models	143	评估模型

valuation reports	143	评估报告	
disaggregated method	86–87	分解法	
discount rates	45–47, 127–128	折现率	
development property	141–142	开发性不动产	
intangible assets	88–89	无形资产	
non‑financial liabilities	98–99	非金融负债	
real property interests	127–128	不动产权益	
discounted cash flow (DCF)		现金流折现	
income approach method	41, 127–128	收益途径	
discounts for lack of control (DLOC)	40	缺乏控制权折价 (DLOC)	
discounts for lack of marketability (DLOM)	39–40	缺乏流动性折价 (DLOM)	
disposal cost/salvage value	45	处置成本/残值	
distributor method	86–87	分销商法	
documentation		档案	
data and inputs	53, 150	数据和输入	
development property	143	开发性不动产	
financial instruments	150, 154–155, 158–159	金融工具	
plant, equipment and infrastructure	121	厂房、设备和基础设施	
real property interests	129	不动产权益	
valuation models	57–58, 154–155	评估模型	
valuation reports and valuation review reports	59–61, 121, 129	评估报告和评估复核报告	

E   E

economic factors	70	经济因素	
plant, equipment and infrastructure	112	厂房、设备和基础设施	
economic life of intangible assets	89–90	无形资产的经济寿命	
entity‑specific factors	21	实体特有因素	
investment value	27	投资价值	

索　引

environmental, social and governance (ESG) factors		环境、社会和公司治理（ESG）因素
data and inputs	54-55	数据和输入
examples	54-55	例子/示例
plant, equipment and infrastructure	111-112	厂房、设备和基础设施
equitable value	27	公平价值
definition	27	定义
equity valuation see debt and equity valuation		权益评估见债务和权益评估
ethics	13	道德
existing use	29	现有用途
exit value method/market approach	45	退出价值法/市场途径
explicit forecast period	42-43	明确预测期

F

fair value		公允价值
IFRS 13	28	国际财务报告准则第13号
legal and statutory agencies	28	法律和法定机关
fees see consultants' fees; statutory fees		费用见咨询费用；法定费用
finance costs for development property	140	开发性不动产财务费用
financial instruments	145-159	金融工具
assumptions	147-148	假设
data and inputs	147-150	数据和输入
characteristics	148	特征
documentation	150	档案
selecting inputs	148-149	输入选取
use of	149-150	使用
documentation	150, 154-155, 158-159	档案
quality control	155-156	质量控制
application of	156	应用
characteristics	156	特征
documentation	158-159	档案

国际评估准则

scope	145	范围
use of specialist or service organisation	146–147	利用专家或服务机构
valuation approaches	146–147	评估途径
valuation control framework	157–158	评估控制框架
valuation execution	158	评估执行
valuation models	150–155	评估模型
appropriate	151	适当
documentation	154–155	档案
selection	151–152	选取
testing	152–154	测试
valuation review	157	评估复核
valuation risk	146,148,149	评估风险
forced sale		强制出售
premises of value	29–30	价值前提
framework see valuation control framework		框架见评估控制框架
valuation framework		评估框架

G

General Standards		基本准则
see under International Valuation Standards		见国际评估准则词条
glossary of terms	8–11	术语表
goodwill	77–78	商誉
amortisation	91	摊销
contributory asset charges (CACs)	82	贡献资产的贡献（CACs）
Gordon growth model	45	戈登增长模型
governance see environmental, social and governance (ESG) factors		公司治理见环境、社会和公司治理（ESG）因素
greenfield method	86	绿地法
guideline publicly-traded comparable method	38–39	公开交易比较法
guideline transactions method	36–38	指引交易法

索 引

H

highest and best use	
premise of value	28－29

I

IFRS 13 fair value	28
income approach	34－35
see also income approach methods	
businesses and business interests	66－67
development property	136
intangible assets	80
inventory	104－107
non－financial liabilities	96－98
plant, equipment and infrastructure	117－118
real property interests	127－128
income approach methods	40－47
bottom－up method	97－98, 106－107
cash flow	41－42, 127－128
cash flow forecasts method	43－44
disaggregated method	86－87
discount rate	45－47, 127－128
discount cash flow	41, 127－128
distributor method	86－87
explicit forecast period	42－43
intangible assets	
contributory asset charges (CACs)	82
excess earnings method	80－83
greenfield method	86
relief－from－royalty method	83－84
with－and－without method	85－86
inventory	104－107

H

最高最佳用途
    价值前提

I

国际财务报告准则第13号——公允价值
收益途径
    同见收益途径的方法
    企业和企业权益
    开发性不动产
    无形资产
    存货
    非金融负债
    厂房、设备和基础设施

    不动产权益
收益途径的方法
    自下而上法
    现金流
    现金流预测法
    分解法
    折现率
    现金流折现
    分销商法
    明确预测期
    无形资产
        贡献资产的贡献（CACs）
        超额收益法
        绿地法
        许可费节省法
        有无对比法
    存货

non – financial liabilities	97 – 98	非金融负债
real property interests	127 – 128	不动产权益
terminal value	44 – 45	终值
constant growth model	45	固定增长模型
Gordon growth model	45	戈登增长模型
market approach/disposal cost	45	市场途径/处置成本
salvage value/disposal cost	45	残值/处置成本
top – down method	104 – 106	自上而下法
industry factors	70	行业因素
infrastructure see development property; plant, equipment and infrastructure (PEI); real property interests		基础设施见厂房、设备和基础设施（PEI）；不动产权益
inputs see data and inputs		输入见数据和输入
intangible assets	76 – 91	无形资产
attrition	90	流失
bases of value	78	价值类型
cost approach	87 – 88	成本途径
definition	76	定义
discount rates	88 – 89	折现率
economic life	89 – 90	经济寿命
impact on value of plant, equipment and infrastructure	111	对厂房、设备和基础设施价值的影响
income approach and income approach methods	80 – 87	收益途径和收益途径的方法
contributory asset charges (CACs)	82	贡献资产的贡献（CACs）
disaggregated method	86 – 87	分解法
distributor method	86 – 87	分销商法
excess earnings method	80 – 83	超额收益法
greenfield method	86	绿地法
relief – from – royalty method	83 – 84	许可费节省法
with – and – without method	85 – 86	有无对比法
inventory, considerations for	108 – 109	存货，考量

索 引

market approach	79-80	市场途径
obsolescence	88	贬值
rates of return	88-89	回报率
special considerations	88-91	特殊考量
tax amortisation benefit	91	税收摊销收益
types	76-77	类型
valuation approaches and methods	79-88	评估途径和方法

International Financial Reporting Standards 国际财务报告准则

fair value IFRS 13　　　28　　国际财务报告准则第13号——公允价值

International Valuation Standards (IVS)　国际评估准则 (IVS)

　　see also bases of value; documentation; premises of value; scope of work; valuation approaches; valuation framework; valuation methods; valuation models; valuation reports

同见价值类型；档案；价值前提；工作范围；评估途径；评估框架；评估方法；评估模型；评估报告

Assets Standards	6	资产准则
IVS 200 Businesses and Business Interests	63-75	IVS 200 企业和企业权益
IVS 210 Intangible Assets	76-91	IVS 210 无形资产
IVS 220 Non-financial Liabilities	92-101	IVS 220 非金融负债
IVS 230 Inventory	102-109	IVS 230 存货
IVS 300 Plant, Equipment and Infrastructure	110-121	IVS 300 厂房、设备和基础设施
IVS 400 Real Property Interests	122-130	IVS 400 不动产权益
IVS 410 Development Property	131-144	IVS 410 开发性不动产
IVS 500 Financial Instruments	145-159	IVS 500 金融工具
compliance	14-15	遵循
effective date	15	生效日期
General Standards	6	基本准则

国际评估准则

IVS 100 Valuation Framework	13 – 15	IVS 100 评估框架	
IVS 101 Scope of Work	16 – 18	IVS 101 工作范围	
IVS 102 Bases of Value	19 – 30	IVS 102 价值类型	
IVS 103 Valuation Approaches	31 – 51	IVS 103 评估途径	
IVS 104 Data and Inputs	52 – 55	IVS 104 数据和输入	
IVS 105 Valuation Models	56 – 58	IVS 105 评估模型	
IVS 106 Documentation and Reporting	59 – 61	IVS 106 档案和报告	
glossary of terms	8 – 11	术语表	
structure	6	结构	
use and purpose	5	使用和目的	
International Valuation Standards Council	5	国际评估准则理事会	
inventory	102 – 109	存货	
bases of value	103	价值类型	
bottom – up method	106 – 107	自下而上法	
cost approach and methods	107	成本途径和方法	
current replacement cost method	107	现行更新重置成本法	
identification of value – added processes	108 – 109	增值过程的确认	
income approach and methods	104 – 107	收益途径和方法	
market approach	103 – 104	市场途径	
meaning	102 – 103	意义	
obsolete inventory reserves	109	存货减值准备	
relationship to other acquired assets	109	与其他获得资产的关系	
returns on intangible assets	108 – 109	无形资产的回报	
special considerations	107 – 109	特殊考量	
top – down method	104 – 106	自上而下法	
unit of account	109	记账单位	
valuation approaches and methods	103 – 107	评估途径和方法	
investment value	27	投资价值	
definition	27	定义	

IVS see International Valuation Standards
IVS Asset Standards
 see under International Valuation Standards
IVS General Standards
 see under International Valuation Standards

L

land see development property; real property interests
leases
 real property interests   129 – 130
 rent   130
letter of engagement see scope of work
liquidation value
 bases of value   28, 114 – 115
 definition   28
 forced sale   29 – 30
 orderly liquidation   29
 plant, equipment and infrastructure
   114 – 115
 premise of value   28, 114 – 115

M

machinery and equipment see plant, equipment and infrastructure (PEI)
market approach   33 – 34, 45
 see also market approach methods
 businesses and business interests   65 – 66
 development property   135
 intangible assets   79 – 80
 inventory   103 – 104

IVS 见国际评估准则
IVS 资产准则
 见国际评估准则词条
IVS 基本准则
 见国际评估准则词条

L

土地见开发性不动产；不动产权益

租约
 不动产权益
 租金
约定书见工作范围
清算价值
 价值类型
 定义
 强制出售
 有序清算
 厂房、设备和基础设施

 价值前提

M

机器和设备见厂房、设备和基础设施（PEI）

市场途径
 同见市场途径的方法
 企业和企业权益
 开发性不动产
 无形资产
 存货

国际评估准则

non-financial liabilities	95-96	非金融负债
plant, equipment and infrastructure	115-117	厂房、设备和基础设施
real property interests	126-127	不动产权益
market approach methods	36-40, 45	市场途径的方法
blockage discounts	40	大宗交易折价
comparable transactions	36-38	可比交易案例
control premiums	40	控制权溢价
discounts for lack of control (DLOC)	40	缺乏控制权折价 (DLOC)
discounts for lack of marketability (DLOM)	39-40	缺乏流动性折价 (DLOM)
guideline publicly-traded comparable method	38-39	公开交易比较法
guideline transactions method	36-38	指引交易法
market participant acquisition premiums (MPAPs)	40	市场参与者并购溢价 (MPAPs)
non-financial liabilities	96	非金融负债
special considerations	39-40	特殊考量
top-down method	96	自上而下法
market approach/exit value method	45	市场途径/退出价值法
market participant acquisition premiums (MPAPs)	40	市场参与者并购溢价 (MPAPs)
market rent		市场租金
bases of value	26-27	价值类型
definition	26	定义
real property interests	130	不动产权益
market value		市场价值
bases of value	24-26	价值类型
definition	24	定义
marketing costs	139	营销成本
Monte Carlo simulation	74, 99	蒙特卡罗模拟

索　引

N

non – financial liabilities	92 – 101	非金融负债
assumptions	99	假设
bases of value	94	价值类型
bottom – up method	97 – 98	自上而下发
cash flow forecasts	99 – 101	现金流预测
cost approach	98	成本途径
definition	92	定义
discount rates	98 – 99	折现率
examples of liabilities	92 – 93	负债的示例
income approach	96 – 98	收益途径
market approach	95 – 96	市场途径
restrictions on transfer	101	转让限制
risk margins	100 – 101	风险边际
special considerations	98 – 101	特殊考量
taxes	101	税
top – down method	96	自上而下法
valuation approaches and methods	94 – 98	评估途径和方法
non – operating assets	70 – 71	非经营性资产

O

obsolescence	50 – 51	贬值
intangible assets	88	无形资产
inventory reserves	109	存货准备
plant, equipment and infrastructure	112	厂房、设备和基础设施
real property interests	128	不动产权益
operating and non – operating assets	70 – 71	经营性和非经营性负债
option pricing method (OPM)	73 – 75	期权定价法
ownership rights	68 – 69	所有者权益

P

plant, equipment and infrastructure (PEI)	110 – 121	厂房、设备和基础设施 (PEI)

国际评估准则

assumptions	113	假设
bases of value	114 – 115	价值类型
allocation of value	121	价值分摊
comparable evidence	120	可比依据
cost approach and methods	118 – 120	成本途径和方法
cost – to – capacity method	119	成本产能法
data and inputs	120	数据和输入
documentation	121	档案
economic factors	112	经济因素
environmental factors	111 – 112	环境因素
impact of intangible assets on value	111	无形资产对价值的影响
income approach	117 – 118	收益途径
market approach	115 – 117	市场途径
obsolescence	112	贬值
scope of work	112 – 114	工作范围
special assumptions	112	特殊假设
trending method	119 – 120	趋势法
valuation approaches	115 – 120	评估途径
valuation framework	112	评估框架
valuation models	121	评估模型
valuation reports and valuation review reports	121	评估报告和评估复核报告
premises of value		价值前提
current/existing use	29	现状/现有用途
forced sale	29 – 30	强制出售
highest and best use	28 – 29	最高最佳用途
IVS – defined	28 – 30	IVS 定义的
liquidation value	28, 114 – 115	清算价值
orderly liquidation	29	有序清算
plant, equipment and infrastructure	114 – 115	厂房、设备和基础设施
probability – weighted expected return method (PWERM)	75	概率加权期望收益法（PWERM）

professional scepticism	13	职业怀疑	
property see development property; real property interests		财产见开发性不动产；不动产权益	
prospective financial information (PFI)		未来财务信息	
cash flow forecasts	43 – 44	现金流预测	
publicly – traded comparable method	38 – 39	公开交易比较法	

Q   Q

quality control	13 – 14	质量控制	
financial instruments	155 – 156	金融工具	
application of control	156	控制应用	
characteristics of appropriate control	156	适当控制的特征	
documentation	158 – 159	档案	

R   R

rates of return		回报率	
intangible assets	88 – 89	无形资产	
real property interests	122 – 130	不动产权益	
allocation of value	126	价值分摊	
bases of value	125 – 126	价值类型	
comparable evidence	128 – 129	可比依据	
cost approach	128	成本途径	
data and inputs	128 – 129	数据和输入	
discount rates	127 – 128	折现率	
documentation and reporting	129	档案和报告	
hierarchy of interests	129 – 130	权益的等级	
income approach	127 – 128	收益途径	
lease interests	129 – 130	租赁权益	
market approach	126 – 127	市场途径	
meaning	122 – 123	意义	
obsolescence	128	贬值	

	rent	130	租金
	replacement cost method	128	更新重置成本法
	scope of work	123 – 125	工作范围
	special assumptions	125	特殊假设
	special considerations	129 – 130	特殊考量
	types	123	类型
	valuation approaches	126 – 128	评估途径
	valuation framework	123	评估框架
	valuation models	129	评估模型
	valuation reports	129	评估报告
	valuation review reports	129	评估复核报告
	value review	129	价值复核
rent			租金
	real property interests	130	不动产权益
replacement cost method		48	更新重置成本法
	cost – to – capacity	119	成本产能
	intangible assets	87 – 88	无形资产
	real property interests	128	不动产权益

reporting see documentation; valuation process review; valuation reports; valuation review reports; value review

报告见档案；评估过程复核；评估报告；评估复核报告；价值符合

reproduction cost method		48	复原重置成本法
	trending	119 – 120	趋势
residual method applied to development property		136 – 142	剩余法应用于开发性不动产
	completed property value	137 – 138	已完工不动产价值
	construction costs	138 – 139	建造成本
	consultants' fees	139	咨询费用
	development profit	140 – 141	开发利润
	finance costs	140	财务费用
	marketing costs	139	营销成本

statutory fees	139	法定费用	
timetable	139-140	开发周期	
risk margins		风险边际	
non-financial liabilities	100-101	非金融负债	
royalties		许可费	
relief-from-royalty valuation method	83-84	许可费节省评估方法	

S

S

salvage value/disposal cost	45	残值/处置成本	
scenario based method (SBM)	99	基于场景的方法（SBM）	
scope of work		工作范围	
development property	133	开发性不动产	
financial instruments	145	金融工具	
plant, equipment and infrastructure	112-114	厂房、设备和基础设施	
real property interests	123-125	不动产权益	
valuation requirements	16-18	评估要求	
social factors see environmental, social and governance (ESG) factors		社会因素见环境、社会和公司治理（ESG）因素	
special assumptions		特殊假设	
bases of value	22-23	价值类型	
development property	134	开发性不动产	
plant, equipment and infrastructure	112	厂房、设备和基础设施	
real property interests	125	不动产权益	
specialist or service organisation	14	专家或服务机构	
data provision	52	数据供给	
financial instruments	146-147	金融工具	
valuation models, provision of	56	评估模型，提供	
statutory fees	139	法定费用	
summation method	49	资产加和法	

国际评估准则

synergies	22	协同效益	
synergistic value	27–28	协同价值	

T

T

tangible assets see plant, equipment and infrastructure (PEI)		有形资产见厂房、设备和基础设施(PEI)	
tax amortisation benefit (TAB)	91	税收摊销收益(TAB)	
taxes		税	
non-financial liabilities	101	非金融负债	
terminal value	44–45	终值	
constant growth model	45	固定增长模型	
Gordon growth model	45	戈登增长模型	
market approach/exit value	45	市场途径/退出价值	
salvage value/disposal cost	45	残值/处置成本	
terms of engagement see scope of work		约定条款见工作范围	
timetable for development property	139–140	开发性不动产开发周期	
top-down method		自上而下法	
inventory	104–106	存货	
non-financial liabilities	96	非金融负债	
transaction costs	23	交易成本	
transfer restrictions		转让限制	
non-financial liabilities	101	非金融负债	
trending method	119–120	趋势法	

U

U

unit of account		记账单位	
inventory	109	存货	

V

V

valuation approaches	31–51	评估途径	
see also cost approach; income approach; market approach; valuation methods		同见成本途径;收益途径;市场途径;评估方法	

索　引

businesses and business interests	65－68	企业和企业权益
development property	135－142	开发性不动产
financial instruments	146－147	金融工具
intangible assets	79－80,87	无形资产
inventory	103－107	存货
non-financial liabilities	94－98	非金融负债
plant, equipment and infrastructure	115－120	厂房、设备和基础设施
real property interests	126－128	不动产权益

valuation control framework　　　　　　评估控制框架

　　see also valuation process quality control　　同见评估过程质量控制

financial instruments	157－158	金融工具

valuation date　　　　　　　　　　　　评估基准日

bases of value	20	价值类型

valuation execution　　　　　158　　　评估执行

valuation framework　　　　　　　　　评估框架

competency	13	胜任能力
compliance	13－15	遵循
development property	133	开发性不动产
ethics	13	道德
plant, equipment and infrastructure	112	厂房、设备和基础设施
professional scepticism	13	职业怀疑
real property interests	123	不动产权益
use of specialist or service organisation	14	利用专家或服务机构
valuation process quality control	13－14	评估过程质量控制

valuation methods　　　　　　　　　　评估方法

　　see also cost approach methods; income approach method; market approach methods; residual method or development property　　同见成本途径；收益途径；市场途径；剩余法或开发性不动产

businesses and business interests	65－68	企业和企业权益
development property	136－142	开发性不动产

国际评估准则

intangible assets	79, 80 – 87	无形资产	
inventory	104 – 107	存货	
non – financial liabilities	96 – 98	非金融负债	
valuation models	56 – 58	评估模型	
appropriateness	57	适当性	
automated valuation model	8, 56	自动评估模型	
development property	143	开发性不动产	
documentation	57 – 58	档案	
financial instruments	150 – 155	金融工具	
appropriate models	151	适当的模型	
documentation for models	154 – 155	模型记录归档	
selection of models	151 – 152	模型选取	
testing a model	152 – 154	模型测试	
plant, equipment and infrastructure	121	厂房、设备和基础设施	
real property interests	129	不动产权益	
selection and use	57	选择和使用	
use of specialist or service organisation	56	利用专家或服务机构	
valuation process quality control	13 – 14	评估过程质量控制	
see also valuation control framework		同见评估控制框架	
valuation process review	61	评估过程复核	
meaning	18	意义	
plant, equipment and infrastructure	121	厂房、设备和基础设施	
valuation reports	59 – 61	评估报告	
development property	143	开发性不动产	
plant, equipment and infrastructure	121	厂房、设备和基础设施	
real property interests	129	不动产权益	
requirements	60 – 61	要求	
valuation review		评估复核	
financial instruments	157	金融工具	
meaning	18	意义	

scope of work	16		工作范围
valuation review reports	61		评估复核报告
plant, equipment and infrastructure	121		厂房、设备和基础设施
real property interests	129		不动产权益
value review	61		价值复核
meaning	18		意义
plant, equipment and infrastructure	121		厂房、设备和基础设施
real property interests	129		不动产权益
valuer principles	13		评估师原则

W

W

with – and – without method	85–86		有无对比法